나를 읽는 인문학 수업

나를 읽는 인문학 수업

초판 발행 · 2023년 4월 25일

지은이 · 이영민, 유성경, 송태현, 송영빈, 장한업
발행인 · 이종원
발행처 · (주)도서출판 길벗
브랜드 · 더퀘스트
출판사 등록일 · 1990년 12월 24일
주소 · 서울시 마포구 월드컵로 10길 56(서교동)
대표전화 · 02)332-0931 | **팩스** · 02)323-0586
홈페이지 · www.gilbut.co.kr | **이메일** · gilbut@gilbut.co.kr
대량구매 및 납품 문의 · 02) 330-9708

기획 및 책임편집 · 안아람(an_an3165@gilbut.co.kr) | **편집** · 박윤조, 이민주
디자인 · 유어텍스트 | **제작** · 이준호, 손일순, 이진혁, 김우식 | **마케팅** · 한준희, 김선영, 이지현
영업관리 · 김명자, 심선숙 | **독자지원** · 윤정아, 최희창

교정교열 및 전산편집 · 상상벼리
CTP 출력 및 인쇄 · 금강인쇄 | **제본** · 금강제본

ISBN 979-11-407-0385-2 03190
(길벗 도서번호 040161)

값 16,800원

나를 읽는
인문학 수업

이영민
유성경
송태현
송영빈
장한업
지음

더퀘스트

"스스로를 되돌아보며 내 안에
여러 인격이 혼재되어 있다는 것을 깨닫고
깜짝 놀란 적이 한두 번이 아니었다."

_ 서머싯 몸Somerset Maugham

나는 완성이 아니라
끊임없는 발견의 대상이다

이 책은 다섯 명의 교수가 함께 썼습니다. 전공은 지리학, 심리학, 문예학, 언어학, 교육학으로 모두 다릅니다. 마치 오색 무지개처럼 말입니다. 이렇게 전공이 다른 교수들이 어떻게 같이 책을 쓰기로 했을까요? 그것은 다섯 명에게 두 가지 공통점이 있기 때문입니다.

첫 번째 공통점은 모두 나이가 60대 전후로 비슷하다는 것입니다. 삶을 진지하게 생각하기에 딱 좋은 나이입니다. 젊은 날의 과도한 열정이 없기에 차분히 생각할 수 있고, 늙은 날의 무기력은 아직 오지 않아 깊이 생각할 수 있습니다. 60대 초반은 인생으로 치면 칠부능선 즈음 됩니다. 이 정도 올라가면 잠시 쉬면서 올라온 길을 내려다보고 남은 길을 올려다볼 수 있습니다.

인생의 분기점마다 새로운 나를 만난다

•

공자는 인생에 나이별로 지표가 있다고 생각했습니다. 15세는 지학志學으로 학문에 뜻을 두는 나이, 30세는 이립而立으로 뜻을 세우는 나이, 40세는 불혹不惑으로 사물의 이치를 터득하고 세상일에 흔들리지 않는 나이, 50세는 지천명知天命으로 하늘의 뜻을 아는 나이라고 했습니다. 이는 공자가 세상을 떠나기 전에 자신이 평생 걸었던 학문의 길을 되돌아보면서 분기점마다 붙인 명칭들입니다. 그런데 오늘날 우리의 일상도 그 길에서 크게 벗어나지 않는다는 것을 보면 언제나 분기점이 찾아오는 것이 인생이라는 생각이 듭니다. 그 분기점에서 낯설고도 새로운 나의 모습을 만나는 것 또한 인생의 이치고요.

공자가 이순耳順이라고 말한 60세를 넘어가는 지금도 언제나 예상치 못한 순간에 찾아오는 나를 조우하는 것이 힘들 때가 있습니다. 이순이란 인생에 경륜이 쌓이고 사려와 판단력이 있어 남의 말을 받아들이는 '순한 귀'를 가졌음을 의미합니다. 이제는 단 하나의 나를 찾는다는 것이 얼마나 어려운 일인지 알 만큼의 경륜이 쌓였고, 매번 불쑥 튀어나오는 새로운 나의 모습을 받아들이는 자신만의 방법이 있기는 하지만 여전히 쉬운 일은 아닙니다. 그러나 우리의 경험이 인생의 중간을 지나는 여러분에게 조금은 도움이 되길 바라는 마음을 담아 다섯 명의 집필자가 펜을 들었습니다.

인간은 '하나의 나'가 아니라
'다양한 나'로 이루어진 존재

•

우리의 두 번째 공통점은 이화여자대학교 일반대학원 다문화·상호문화협동과정 겸임교수라는 것입니다. 이는 2014년에 만든 석·박사과정입니다. 다문화와 관련된 석·박사과정은 여러 대학교에 있지만, 우리 학교의 석·박사과정은 문화 주제를 상호문화적으로 접근하는 것이 특징입니다. 다문화적 접근이 여러 문화의 공존을 강조한다면, 상호문화적 접근은 문화와 문화의 만남을 강조합니다.

그런데 이런 만남이 늘 순조로울 수는 없습니다. 사람들은 모두 자기 문화를 기준으로 다른 문화를 평가하려는 경향이 있기 때문입니다. 상호문화적 접근은 이런 자문화중심주의, 자기중심주의를 경계함으로써 다른 문화의 사람들이 원만하게 만날 수 있게 합니다. 다섯 명의 교수는 모두 이 접근에 동의하고 각자의 전공에서 그 가능성을 찾아보기로 했습니다.

그리고 그 시작은 자기 자신이 '하나의 나'가 아니라 '다양한 나'로 이루어진 존재라고 생각하는 것입니다. 다양성이란 글자 그대로 여러 가지 모양이 자연스럽고 정상적이라는 신념이고 가치입니다. 꽃의 모양도 여러 가지고 장미 색깔도 여러 가지입니다. 물도 상온에서는 액체지만 얼음처럼 고체로도, 수증기처럼 기체로도 변합니다. 자연의 일부인 인간 역시 피부색도 다양하고 얼굴 생김새도 다양하고 성격도 다양합니다. 성격유형검사MBTI를 하면 결과가 '수호자' '사업가' '변론가' '옹호자' 등으로 나오지만 '옹호자' 안에 '수호자'나 '변론가'도 있을 수 있습니다. 이런 다양성은 다양한 민족, 문화, 언어가 혼재하는 지금 이 시대를 설명하는 데 적절합니다.

이제 우리는 다양성 사회를 살아가고 있습니다. 이런 상황에서 "자신의 고유한 다양성을 인정하는 것은 타인의 다양성을 인정하는 필수 조건 중 하나"라는 상호문화교육학자 마르틴 압달라프레세유Abdallah-Pretceille의 말은 상기할 만합니다. 오히려 수많은 변수가 자리하고 있는 인생에서 '단 하나의 나를 찾을 수 있다는 생각' '나답게 살아가기'는 착각이 아닐까 합니다.

그래서 다양성을 공부하며 인생의 칠부능선을 지나고 있는 이 다섯 명이 '나는 누구인가?'라는 화두로 각자 글을 써보기로 했습니다. 각자의 글을 엿보고 자기 글을 다시 읽어보면서 이순의 선물을 즐겨보았지요. 지리학자는 낯선 곳에서 낯선 사람과의 만남이 이어지는 여행을 통해 발견되는 나를 살펴보라고, 상담심리학자는 정체성의 균형과 불균형 사이를 걷는 것이 인생이기 때문에 '낯선 나'를 수용할 용기를 가지라고 조언합니다. 문예학자는 자연에서 '생태적 자기'를 발견하고 좁은 자기를 넘어 넓은 자기로 나아가라고 권유하고, 언어학자는 한국인과 일본인의 인식의 차이에서 발견되는 한국인으로서 뜻밖의 나를, 교육학자는 50년 이상 지속된 단일성 교육으로 녹슨 자신을 비판적으로 성찰해보기를 권합니다.

끝으로 이 책을 출판해주신 이종원 도서출판길벗 대표와 안아람 과장에게 진심으로 감사드립니다. 안아람 과장은 이 책의 기획에서 출판까지 집필진과 늘 함께하며 더 나은 책으로 만들기 위해 배려와 제언을 아끼지 않았습니다. 많은 사람의 노력이 들어간 이 다양하고도 새로운 시도가 여러분에게 도움이 된다면 다섯 명의 집필자에게는 큰 보람일 것입니다.

2023년 4월
집필진을 대신해 장한업 드림

1장 낮선 곳에 던져졌을 때 비로소 '나'는 발견된다
'여행'이 필요한 지리학적 이유_이영민

낯선 곳에 던져졌을 때
비로소 '나'는 발견된다

여행이 필요한 지리학적 이유

_ 이영민

불가의 스님이 외부와 교류를 끊고 참선을 하는 것처럼 일반인도 같은 방법으로 자신의 내면에 깊이 들어간다면 나를 제대로 들여다볼 수 있을까? 그런데 이런 방법은 그 자체가 무척 힘들다. 설사 그 과정을 거친다 한들 자신의 참모습이 오롯이 드러나는 일은 일반인들에게 흔히 일어나지 않을 것이다. 속세를 떠나 구도자의 길을 걷는 스님과는 달리, 우리는 속세에서 다양한 대상과 관계를 맺으며 살아가고 그러한 관계 속에 내가 존재하기 때문이다. 적어도 이 속세에서 행복을 추구하며 살아가는 사람들에게는 그러한 관계가 곧 존재의 이유가 된다. 무엇보다 스님의 참선은 오히려 자기를 놓아버리는 무아無我의 경지에 오르는 것이 목표라는 점에서 자아를 찾는 것과 무관하다.

이에 더해 정체성은 고정불변의 것이 아니라 다양한 관계에서 끊임없이 변해간다는 구성주의적 관점에서 본다면, 존재의 근원인 영혼을 찾기보다는 나라는 존재 외부의 관계를 정확히 인식하는 것이 속세를 살아가는 우리의 삶에 더 도움이 될지도 모른다. 다시 말해 내가 누구인가를 깨닫기 위해서는 나와 다른 존재들을 경험해야 한다. 얼핏 생각하면 모순처럼 들리겠지만 '다름'을 접함으로써 나 역시 독특한 존재라는 것을 직접 확인할 수 있다.

그래서 우리는 여행을 떠나야 한다. 내가 사는 익숙한 이곳, 즉 같은 법적 제도와 문화적 관습의 사슬에 갇혀 비슷한 방식으로 살아가고 있는 사회집단에서는 내가 독특한 존재라는 것을 확인하기 어렵다. 나는 그저 내가 속한 사회의 한 구성원일 뿐이다. 여행을 떠나야 평범하고 낯익은 일상에서 벗어나 더 넓은 세상으로 나아가게 된다. 경계를 넘어 낯선 세상을 경험하는 것은 내가 결코 예사롭지 않은 존재임을 깨닫는 기회다. 제주도 바깥에 사는 사람이 제주도로 가 검은색 현무암으로 덮인 자연환경을 감상하고, 토박이들의 억센 제주 방언을 들으며 이야기를 나누어보면 어떨까? 모든 것이 익숙하지 않을 것이다. 낯익은, 때로는 지루한 일상에서 벗어나 낯선 것들로 가득한 세상에 던져졌으니 오히려 자신이 이상해 보이지 않겠는가?

한편으로는 내가 아주 미미한 존재에 불과하다는 것을, 반대로 내가 몰랐던 나의 능력을 발견하면서 나도 꽤 괜찮은 존재라는 것을 확인할 수 있지 않을까? 한라산 백록담에 오르는 동안 나라는 존재가 대자연 앞에서 겸손할 수밖에 없는 미미한 존재라고 느낄 수 있다. 하지만 궂은 날씨를 이겨내고 정상에 오르면 결국 해냈다는 성취감도 느낄 것이다. 내 안에 도사리고 있는 다양한 나를 발견하는 것은 짜릿한 놀라움을 넘어 미미한 존재의 겸손함과 능력 있는 존재의 자존감을 동시에 확인하는 일이다. 그리고 그것은 여행으로 가능하다.

인간은
장소와의
관계 속에서
살아간다

장소에서 떠난 인간을 상상해보자. 가능한 일일까? 장소에서 떠나난다는 것은 곧 죽음을 의미한다. 우리의 삶은 항상 장소라는 터전에서, 그곳에 존재하는 다양한 것들과의 관계 속에서 역동적으로 이루어진다. 영어에 take place라는 숙어가 있다. 어떤 일이 '발생하다' '벌어지다' 등을 뜻하는데, 직역하면 '장소place를 갖다take'라는 말이다. 인간의 모든 일은 항상 '장소'를 '가져야'만 이루어진다는 의미다. 장소는 우리가 놓인 그리고 우리를 둘러싼 모든 것으로 구성된 인간 존재의 필수적인 실체다. 마치 물고기가 물속에서는 아무 문제 없이 살아가지만 물에서 벗어나 뭍으로 나오면 이내 죽어버리는 것처럼, 인간에게 장소는 떼려야 뗄 수 없는 대상이다.

나를 알기 위한 지리학적 단서

•

그런데 우리는 이런 장소를 단순하게 삶의 무대로만 생각하고 주목하지 않는 경향이 있다. 하지만 장소가 인간에게 끼치는 영향은 너무도 크다. 예를 들어 수업이 이뤄지는 교실이라는 장소를 생각해보자. 아늑한 분위기를 자아내는 백열등이 아니라 시야를 또렷하게 확보해주는 환한 형광등이 그 장소를 밝힌다. 그 밝은 조명 아래 푹신하거나 편안하지 않고 딱딱한 의자와 책상이 줄 맞춰 배열되어 있다. 학생들은 불편함을 의식하지 못한 채 그 딱딱한 의자에 한 시간 이상 앉아서 강의를 듣는다. 앞쪽에는 교탁과 칠판이 높게 설치되어 있다. 선생과 학생이 각자의 자리에서, 한쪽은 앉아서 올려다보고 한쪽은 서서 내려다보도록 정돈되어 있다.

그런 독특한 장소인 교실에 들어갈 때 선생과 학생의 마음가짐을 생각해보자. 어제 과음을 했거나 피곤한 일이 있었다고 교실에서 한숨 자고 나와야겠다는 생각을 하는 선생은 없을 것이다. 커피를 한잔 들고 들어가 친구들과 수다를 떨면서 쉬다 나와야겠다고 생각하는 학생도 없을 것이다. 아무리 피곤해서 쉬고 싶다는 욕망이 솟아올라도, 일단은 들어가서 졸음을 참고 정숙한 자세로 수업에 참여해야겠다고 생각할 것이다. 그런 생각을 하게 만드는 이유는 무엇일까? 그곳은 카페나 수면실 같은 휴식의 장소가 아니라 바로 교실이라는 교육의 장소이기 때문이다. 차분하고 정숙한 분위기를 유지해야 한다는 교실의 암묵적 규율이 구성원들의 심리와 행동을 강제하는 것이다. 이것이 바로 장소의 힘이다.

모든 인간 활동이 장소와 관계를 맺고 이루어진다는 사실은, 삶의 중요한 사건들이 그 장소와 함께 머릿속에 저장된다는 점으로도 확인할 수 있다. 입학식이나 졸업식이 있었던 장소를 생각해보자. 그 밖에도 국방의 의무를 다하기 위해 처음으로 도착한 신병훈련소의 연병장과 막사, 취업에 성공해서 가슴 벅찬 나날을 보낸 첫 번째 일터, 첫 미팅을 했던 카페, 신혼여행의 달달한 추억들이 만들어진 여행지 등 인생의 중요한 부분들을 장식했던 그때 그 장소들은 마음속 지도에 표시되어 구체적으로 기억된다.

장소는 내가 누구인지를 알려주는 단서가 되기도 한다. 내가 학생 또는 교사라면 분명 학교와 교실이라는 장소에서 주로 생활할 것이다. 학생과 교사가 어떤 사람인지를 이해하기 위해 학교와 교실이라는 장소를 이해해야 하는 이유다. 내가 사는 대한민국이라는 국가적 규모의 장소도 마찬가지다. 대한민국은 한국 사람들이 한국 사람일 수 있도록 만들어주는 장소다.

북아프리카 베르베르인들에게는 사하라사막이, 보르네오섬의 이반족에게는 열대우림이, 뉴욕시 증권가의 금융인에게는 맨해튼 도시환경이 그들을 그들이게끔 만들어주는 중요한 장소다. 그런데 만약 베르베르인이 열대우림을 경험한다면, 이반족이 맨해튼 빌딩 숲을 경험한다면 과연 그들은 어떤 생각을 하게 될까?

장소감이란 무엇인가?

•

인문지리학에서는 장소감sense of place이라는 개념을 중요하게 다룬다. 말 그대로 장소에 대한 느낌이나 감정을 뜻한다. 이러한 장소감은 크게 두 가지로 나누어볼 수 있다. 하나는 제자리에 있음in place으로서의 장소감이고, 다른 하나는 제자리에서 벗어남out of place으로서의 장소감이다.

제자리에 있을 때의 장소감은 모든 게 낯익은 것에서 느끼는 편안함이다. 내가 살고 있는 집이나 동네를 생각해보라. 그곳에서는 자리에 있는 모든 것을 잘 알고 있다고 생각하기에 심리적 안정감을 느끼고 편리하게 일상생활을 해나간다. 반면 제자리에서 벗어나 여행할 때를 생각해보자. 국경을 넘을 때, 출국장에서 수속을 밟고 여행지의 입국장에서 여권에 입국 도장이 쾅 찍힐 때 느끼는 왠지 모를 긴장감과 즐거움을 생각해보라. 여행을 마치고 나와 비슷한 사람들이 있는 이곳으로 돌아왔을 때의 안도감과 비교된다.

여행에서 만나는 새로운 장소는 일상적으로 경험하는 장소와는 다른 환경이기 때문에 우리를 긴장시킨다. 한마디로 모르는 장소이기 때문에, 무지無知에서 오는 불편함과 두려움이 우리의 의식을 장악한다. 한편으로는 새로운 것을 향한 기대감과 그것을 알아가는 기쁨도 함께 피어오른다. 두려움과 즐거움, 긴장감과 기대감, 상반된 두 가지 감정이 분주하고도 오묘하게 교차되는 경험은 낯익은 이곳의 평범한 일상에서는 느낄 수 없는 여행의 묘미다. 한마디로 여행은 제자리에서 벗어나는 장소감이 극대화되는 경험이다.

싱가포르에서 출발해 국경을 맞대고 있는 인도네시아와 말레이시아를 여행한 적이 있다. 엄밀히 말하자면, 섬나라 싱가포르와 그 바다 건너편에 있는 말레이시아 조호르주의 조호르바루, 인도네시아 리아우주의 바탐섬을 짧은 시간 안에 둘러보는 여행이었다. 모두 열대우림기후가 나타나는 곳이기에, 얼핏 연중 초록빛 가득한 자연경관으로 뒤덮인 모습이 세 도시에 비슷하게 펼쳐진다고 생각할 것이다. 더군다나 인접한 이 세 지역은 싱가포르가 주도해 경제협력지대를 구성하고 있다. 그 이름은 각 지명의 첫 두 글자를 따서 시조리성장삼각지대SIJORI growth triangle! 선진국 싱가포르가 지리적 한계를 극복하고자 인접한 나라의 지방정부와 협력해서 공동의 발전을 추구하기 위해 세운 전략이다.

하지만 예상과는 달리 국가마다 관리하는 방식에 따라 세 도시의 문화경관은 너무도 달랐다. 어느 하나 똑같은 장소가 없다는 진리를 실감한 순간이었다.

전 세계 사람들이 즐겨 찾는 싱가포르의 초현대적 도시경관은 깨끗하게 정비된 거리와 가지런히 정돈된 건물들 그리고 그 사이사이를 수놓은 초록의 정원들로 현지 주민들이나 여행자 모두에게 편안함과 즐거움을 선사한다. 여행을 꺼릴 만한 이유라면 높은 수준의 물가 정도다.

반면에 인도네시아의 물가는 싱가포르의 절반 수준도 안 된다. 그래서 싱가포르 사람들이 여가와 쇼핑을 즐기기 위해 활발하게 국경을 넘나든다. 더욱이 경제협력지대로 묶여 있기에 국경을 넘는 것은, 우리로 치자면 그저 지방에 잠깐 다녀오는 정도로 손쉬운 일이다. 하지만 이곳에서 리조트나 골프장을 짓기 위해 열대우림을 벌채하는 안타까운 모습을 바라보는 것은 그리 유쾌하지 않다. 또 인종과 종교 역시 크게 다르다. 싱가포르는 중국계 인구가 다수를 차지하는 반면, 인도네시아는 인도네시아계 무슬림이 절대다수를 차지한다. 기도 시간을 알리는 모스크의 아잔 소리가 온 시내에 하루 다섯 번씩 울려퍼진다.

마지막으로 조호르해협 건너편에는 말레이시아의 조호르주가 펼쳐져 있다. 조호르해협 싱가포르 쪽의 깨끗하게 관리된 바다와는 대조적으로, 말레이시아 쪽 바닷가에는 허름한 어촌과 양식장이 길게 늘어서 있다. 이 양식장에서 채취한 어패류는 아마도 싱가포르의 식당으로 공급될 것이다. 해안을 따라서 조금 올라가면 연기를 내뿜는 공장들이 가득 찬 산업도시 파시르구당이 나타난다. 내가 파시르구당으로 가기 위해 탄 배의 승객 중 3분의 1 정도는 인도네시아의 젊은 남성 이주노동자들이었다.

2박 3일의 짧은 주마간산식 여행에서 나는 이러한 문화경관의 차이를 눈으로 확인하며 여행의 즐거움을 만끽했다. 더 나아가 그 차이들이 서로 연결되어 더 큰 전체를 구성하고 있다는 점도 확인했다. 다양한 문화적 배경을 지닌 사람들이 얼마나 열심히 분투하며 살아가고 있는지 확인할 수 있었던 것은, 비록 짧은 기간 동안이었지만 한 장소에 머물지 않고 계속 제자리에서 벗어나는 장소감을 경험한 덕분이다.

확인할 때마다 의문이 든다. 낯선 장소와 제대로 조우하지 않는다면 과연 자아를, 내 삶의 위치를 제대로 성찰할 수 있을까? 만약 낯선 장소를 경험하면서 그곳을 잘 이해하고, 더 나아가 나의 장소와 그곳의 다름을 파악하는 과정을 거친다면 나 자신으로 향하는 성찰의 무게가 달라지지 않을까?

'여행하는 자'와 '여행되는 것'

•

여행은 '여행하는 자'와 '여행되는 것'으로 이루어진다. 여행하는 자인 나는 내 삶의 터전을 떠나 여행지에 펼쳐진 색다른 경관과 사람들을 마주한다. 여행되는 것이란 바로 여행지의 경관과 사람들이자 새로움과 낯섦의 원천이다. 여행되는 곳은 그들의 삶터이고 그들의 문화가 펼쳐진 곳이다. 여행하는 자를 위해 존재하는 단순한 무대나 소품이 아니다.

한때 자아를 찾으려는 사람들에게 인기 있는 여행지로 인도가 떠오른 적이 있다. 인도 문화에서 중요한 요가와 명상이 자아를 찾는 데 도움이 된다는 일부 여행가들의 주장이 일반인들의 호응을 얻었던 것 같다. 그런데 과연 요가와 명상으로 자기의 내면을 들여다보는 것이 온전한 자아를 찾는 데 필요충분조

건일까? 나는 오히려 인도 사람들의 일상이 이루어지는 장소에서 색다른 모습을 경험하는 것이, 자아와 내가 속한 문화집단의 특성을 올바르게 파악하는 데 더 도움이 될 것이라 생각한다. 요가와 명상을 하면서 자기의 내면을 들여다볼 수는 있지만 꼭 인도에서 하는 요가와 명상이 한국에서 하는 것보다 효과적일지는 미지수다. 반대로 인도만이 아니라 내가 사는 곳과 다른 장소라면 어디에서든 자아를 발견하고 성찰할 수 있다고 생각한다.

따라서 여행에서는 여행하는 자인 나의 목적을 달성하기 위해 노력하는 것도 중요하지만, 여행지와 그곳에 사는 사람들에 대한 이해와 존중도 필요하다. 여행되는 것을 나의 즐거움과 호기심만을 충족하는 일방적인 소비 대상이 아니라, 겸손한 소통과 조심스러운 상호작용이 이루어지는 관계맺기의 대상으로 봐야 한다. 그러니 여행의 장소를 고를 때는 그곳이 어떤 곳이고 또 그곳을 어떻게 바라봐야 할지도 부지런히 고민해야 한다. 이는 결국 '나 자신을 바로 알기'라는 여행의 궁극적 목적을 달성하기 위한 필수 과정이다.

인도의 핑크빛 도시 자이푸르를 여행한 적이 있다. 그곳에서 요가나 명상을 하지는 않았지만, 내가 누구이고 어디에 있는지에 대해서 깊이 생각할 수 있었다. 반건조기후의 뜨거운 태양에 이르렀다.* 이는 10년 전인 2009년(각각 1,900여만 명과 1,500여만 명)**과 비교했을 때, 각각 3배, 2.3배 증가한 수치다. 외국에서 만나는 한국인 여행객이나 이주민들은 더 이상 낯설지 않다. 2022년 발표된 헨리여권지수Henley Passport Index, HPT에 따르면, 한국 여권의 힘은 미국이나 영국 등 최선진국들보다도 앞선 세계 2위(독일과 공동)에 올라 있다. 코로나19 때문에 상황이 달라졌지만 그 전에는 세계 190개국에서 사전 조치 없이 무비자 또는 도착비자를 통해 자동입국할 수 있다는 점에서 한국의 국제적 위상이 크게 격상했음은 분명하다.

낯선 여행지에서 단지 한국인이라는 이유만으로 반가워하면서 기꺼이 크고 작은 도움을 주는 현지인들을 대할 때면, 마늘 냄새가 새어나가지 않도록 작은 틈까지 틀어막아가며 죄짓는 사람처럼 몰래 김치와 찌개를 먹던 30년 전 외국 생활이 떠올라 격세지감을 느낀다. 지난 반세기 동안 한국에 관한 인식은 도대체 왜 이렇게 급변했을까? 재료는 그대로인데 어떻게 한국 음식이 혐오식품에서 인기식품으로 바뀌었을까? 혹시 경제적 위상이 문화적 우열로 연결되는 제국주의적 세계관이 여전히 힘을

---

*   법무부, 법령/자료의 통계연보 중 출입국통계.

**   법무부 출입국·외국인정책본부, 빅데이터·통계의 2009년도 통계연보.

발휘하는 것은 아닐까?

　각 지역의 낯선 문화들이 국경을 넘어 전 세계로 확산되면서 서로 충돌하고 또 섞이는 현상은 역사적으로 자연스럽게 이루어져 왔다. 한류 역시 한국에서 시작된 문화이긴 하지만 현지 문화와 조우하는 과정에서 끊임없이 변용되고 있음을 우리는 여행을 하면서 확인할 수 있다. 한국으로 유입된 외래문화가 한국의 토착문화와 절묘하게 섞여서 새로운 모습으로 뿌리를 내리는 모습도 쉽게 관찰할 수 있다. 그렇기에 한류를 순수한 한국문화의 일방적 확산으로 보아서는 안 된다.

　주요 도시에서 빠르게 늘어나고 있는 스타벅스와 속속 상륙하는 햄버거 브랜드 등 각종 프랜차이즈 매장들을 생각해보라. 패스트푸드나 커피는 이제 한국인의 메뉴라고 해도 과언이 아닐 정도로 우리 생활의 일부가 되었다. 특히 한국의 경우 글로벌 영향력이 지역문화를 잠식해 들어가는 속도와 범위는 가히 놀랄 만하다. 그렇다고 우리의 문화가 서구 문화와 같은 모습으로 변해가고 있다고 말할 수 있을까?

　한국에서 빠른 속도로 늘어나는 스타벅스 매장도 얼핏 보기에는 모두 똑같아 보이지만, 매장마다 각 지역의 특성을 반영한 독특한 음료, 특색 있는 기획 상품들이 계속 개발되고 있다. 제주 특산물로 만들어 제주도 매장에서만 팔고 있는 독특한 음료들을 생각해보라. 경주 스타벅스 매장은 전통역사도시의 분위기에 맞게 매장 지붕에 기와를 얹었고, 바닥에 앉는 좌식 테이블을 갖추고 있다. 또 지인을 만나 대화를 나누는 장소일 뿐 아니라 공부를 하는 도서관 같은 기능을 한다는 점도 한국 스타벅스만의 독특한 특징이다.

이러한 문화의 차이는 끊임없이 재생산된다. 자본주의 글로벌화 때문에 접촉과 교류가 활발해진다고 해서 결코 획일화되는 방향으로 문화가 확산되지 않는다는 것이다. 오히려 접촉과 교류가 증가할수록 혼종화hybridization된 새로운 차이가 만들어진다. 이러한 다름은 영원히 지속되는 것이고 또 지속되어야 한다.

그렇다면 여행으로 접하는 문화적 다름을 어떻게 바라보아야 할까? 과거 식민제국주의시대에는 유럽 중심의 문화적 위계질서가 세상을 바라보는 절대적 잣대였다. 그래서 지역마다 다른 문화를 그 지역의 맥락에서 이해하려 하지 않고, 우열을 가리고 위계적으로 비교하려 했다. 세상을 중심과 주변으로 위계화해서 그런 구분을 당연시했다. 더 나아가 중심의 문화는 우월하고 주변의 문화는 열등하다는 가치를 부여했다. 이러한 세계관은 이 시대에도 여전히 남아 있다. 지금도 한국인 중 일부는 선진국과의 경제적 격차를 문화적 격차로 치환해서 경제적으로 가난한 지역은 문화적으로도 열등하다고 생각한다. 이런 부당한 세계관은 이 시대의 지구촌 공동체를 조화롭고 아름다운 세상으로 만들어가는 데 결코 바람직하지 않다.

잘못된 시선은
결국 나에게로 돌아온다

•

내가 지도했던 외국인 학생 중에 말레이시아에서 온 무슬림 친구가 있었다. 지금은 고향으로 돌아가 초등학교 선생으로 일하는 그 친구에게 나는 여전히 아쉽고 미안한 마음이 있다.

K팝과 K드라마에 매료되어 한국 유학까지 결심했던 그 학생은 한국의 무더운 여름에도 정갈하게 히잡을 쓰고 늘 진지하게 공부했다. 그 친구는 특히 하얀 눈이 내리는 한국의 겨울을 참 좋아했다. 학위논문을 본격적으로 쓰기 시작할 즈음 내 연구실에서 열심히 면담을 하던 와중에 그 친구의 파란 눈동자가 반짝이며 창밖을 향한 적이 있었다. 갑자기 함박눈이 쏟아지던 날이었다. 그 친구는 난생 처음으로 눈 내리는 모습을 보며 황홀경에 빠졌다. 환희가 가득한 사람의 얼굴을 보는 것은 참 즐거운 일이다.

8,000원 주고 산 트레이닝바지까지 줄 수 있는 옷을 모두 건네주었다. 신축성이 좋은 그 바지를 차지한 친구는 직접 입어보며 가장 좋아라 했다.

여행지에서 만나는 여행자와 현지 주민은 각자의 생활방식이 다르고 관심사가 다를 수밖에 없다. 여행의 장소가 여행자에게는 낭만과 상상의 무대이자 즐거움의 대상이지만, 현지 주민에게는 일상생활의 현장이다. 그곳에 살고 있는 그들은 우리를 위해 존재하는 수동적 객체가 아니다. 그러다 보니 다음과 같은 다른 시선과 생각이 부딪히는 일들이 벌어진다.

그런데 지금까지 몇 군데 안 되는 곳이긴 하지만 여행을 다녀보니 지역민들에게서 발견할 수 있는 공통점이 한 가지 있었다. 어디를 가든 자기가 사는 지역에는 구경할 게 별로 없다는 이야기들을 주로 하셨다. 그곳에서 일상을 꾸려가는 사람들에게는 모든 것이 일상의 시각으로만 보이기 마련이다. 하지만 여행객의 눈으로 보면 그 평범한 일상들조차 다른 시각으로 바라보게 된다는 사실을 그분들은 잘 모르고 하시는 말씀이다. 아니면 여행이라면 뭔가 거창하고, 화려하고, 대단히 특별한 것들을 봐야만 하는 것으로 생각하시는지도 모를 일이다. 오래되고 익숙한 것들을 새로운 눈으

로 재해석하여 바라보는 힘, 나는 그것이 여행의 참된 의미
라고 생각한다.

  – 장정심, 《괜찮아, 잘했어! 기차여행》(글로벌마인드, 2020)

"세상에 나쁜 날씨란 없다. 서로 다른 종류의 좋은 날씨만
있을 뿐"이라는 존 러스킨John Ruskin의 말을 생각해보자. 우리는
구름 한 점 없이 맑은 날씨를 당연히 좋아한다. 그런데 '좋아하
는' 것과 '좋은' 것은 의미가 완전히 다르다. 가령 날씨가 늘 쾌
청한 미국 로스앤젤레스 주민들을 생각해보자. 그들은 우리와
는 다르게 비가 오는 날씨를 참 좋아한다. 특히 비가 많이 내리
는 곳에서 살았던 한국 교민들의 경우 더욱 그렇다. 지중해성기
후의 쾌청한 하늘이 매일 이어지다가 여름이 끝나는 10월쯤 비
다운 비가 처음 내릴 때, 한국 교민들은 그 비를 만끽하며 추억
에 젖곤 한다. 어떤 장소에 사느냐에 따라 좋아하는 날씨가 달
라지는 것이다.

    여행지에서 이처럼 시선이 교차하는 것은 어찌 보면 너무나
당연한 일이 아닐까? 그렇다면 차라리 불편한 응시를 서로 미소
와 인사를 주고받는 따뜻한 소통의 시선으로 만들어보는 것은
어떨까? 소통하면 서로 이해할 수 있고, 그 이해를 바탕으로 여
행하는 자와 여행되는 것 모두 행복할 수 있다. 여행은 상호문

화 교류의 장이며 이 지구촌 모든 삶의 터전을 아름답게 가꾸어
갈 수 있는 적극적 실천이다.

다르면 다를수록 나를 발견한다

·

이 세상에는 약 80억 명의 사람들이 다양한 환경에서 독특
하게 형성된 기존 문화의 영향을 받아 새로운 문화를 만들며 각
자의 자리에서 열심히 살아가고 있다. 독특한 자연환경과 그 안
에서 살아가는 사람들의 문화로 이루어진 세계의 장소들은 어
느 하나 똑같은 곳이 없다. 지구상에 펼쳐진 자연경관과 문화경
관의 다채로움은 정말 흥미롭고 때로는 경이롭기까지 하다. 유
네스코 세계유산위원회가 지정한 1,000개 이상의 세계자연유
산, 세계문화유산, 세계복합유산 등을 생각해보라. 그렇게 지정
한 이유는 바로 그 다름의 가치를 기억하고 보존하기 위해서다.
세상의 모든 장소는 다 나름대로의 의미가 있기 때문에, 어디가
더 좋다 나쁘다 이야기할 수 없다.

생태학자 최재천은 그의 책《다르면 다를수록》에서 "다르
면 다를수록 세상은 더욱 아름답고 특별하다"라고 강조하면서
지구촌의 생물학적 다양성을 예찬한다. 인간세계도 그 범주에

포함되는 것은 당연한 이치다. 자연의 일부인 인간도 세계 곳곳에서 무척이나 다양한 모습으로 살아가고 있으며 아름답고 특별하다. 그들이 살고 있는 자연경관과 그들이 만든 문화경관도 그렇다. 모두 각자의 특성을 지닌 채 서로 다른 모습으로 존재하며 그러한 특성과 모습들이 만나서 새로운 것들을 만들기도 한다. 만약 이 세상이 서로 비슷하거나 같은 것들로만 채워져 있다면 무슨 재미가 있겠는가? 굳이 여행을 떠날 이유가 없을 것이다.

여행은 이처럼 어느 하나 같은 곳이 없는 다양한 장소와 사람들을 만나서 다름을 확인하는 과정이다. 그리고 우리가 여행을 떠나는 이유는 그 다름을 직접 느끼기 위해서다. 바로 장소감을 몸소 겪기 위해 여행을 떠나는 것이다. 집 나가면 개고생이라지만 다름을 확인하고 그 즐거움을 누릴 수 있다면 기꺼이 고생할 만한 가치가 있다. 세상을 머리로만 알고 싶다면 굳이 여행할 필요도 없을 것이다. 인터넷 세상에 자료와 사진들이 넘쳐나 굳이 가보지 않아도 얼마든지 깊이 있는 지식을 얻을 수 있기 때문이다. 세상을 직접 발로 밟아보는 것은 머리로 아는 것과는 전혀 다른 차원의 실천이다. 현장에 내 몸을 던져 넣고 눈으로 귀로 코로 입으로 피부로 직접 그 장소와 교감하는 것이다. 이성이 감성보다 앞선다거나, 그것들이 분리되어 있다는 사고방식으로는 여행의 이러한 특성을 설명할 수 없다. 이성적으로 아는 것과 감성적으로 느끼는 것은 동등하게 서로 연결된 수레바퀴와도 같다.

여행은 상호문화적 소통과 이해의 장이다. 여행하는 자와 여행되는 것이 만나 그저 시각적으로 소비하고 끝내기보다는 더 적극적으로 소통하고 도움을 주고받는 생산적인 활동으로 이어간다면 그 여행은 깊은 울림을 줄 것이다. 다른 문화의 사람이 행복을 추구하는 삶의 방식을 배우고 그것을 교훈으로 삼는 여행을 해보자. 다름의 고귀한 가치와 더불어 모두가 다 같은 인간이라는 같음의 가치를 깨닫는다면, 그래서 '따로 또 같이' 사는 이 세상이 아름답다는 것을 깨닫는다면 진정 흥미진진하고 고귀한 여정이 될 수 있지 않을까?

인생이 힘들다면
'나'부터 공감하라

인생의 고통에서 자유로워지는 '자기수용'

_ 유성경

사랑에 관한 고전으로 손꼽히며 제목 때문에 연애의 기술을 알려준다고 오해받는 책이 있다. 바로 《사랑의 기술The Art of Loving》이다. 이 책에서 저자 에리히 프롬Erich Fromm은 사랑은 기술이 아니라 이해에서 출발한다고 말한다. 상대를 제대로 이해하지 못하면서 사랑하는 것은 불가능하다. 자기 자신에 대해서도 마찬가지다. 진정으로 자기 자신을 사랑하려면 자신을 제대로 이해해야 한다.

그렇다면 사랑하는 대상을 어떻게 이해할 수 있을까? 많은 경우 우리는 상대를 이해하기 위해 세세하게 분석한다. 마치 어린아이가 개구리의 내부기관을 알아보려고 예리한 칼날로 철저하게 해부하듯이 말이다. 프롬은 이러한 잔인함의 근원은 더욱 깊은 것, 곧 사물과 생명의 비밀을 알고 싶어하는 소망에 있다고 했다. 그런데 그렇게 해부하면 개구리는 죽는다.

자기 자신에 대해서도 마찬가지다. 내가 누구인지 진정으로 알기 위해서 우리는 밤을 새워가며 자기 자신을 해부한다. 자신이 그때 왜 그런 행동을 했는지, 그때 기분은 어떠했는지, 상대방에게는 그 행동이 어떻게 보였을지, 내가 그렇게 행동한 적이 이전에 또 있었는지 철저한 자기분석을 통해 최대한 객관적으로 자기 자신을 이해하려고 한다. 그런데 개구리가 사지를 벌리고 해부를 당하면 죽어버리는 것처럼, 자기 자신도 이렇게 해부를 당하면 파괴 또는 죽음이라는 결말을 맞고 만다.

나 자신의 비밀을 알게 되는 참된 방식은 무엇일까? 프롬은 그것이

'사랑'이라고 말한다. 이 사랑은 알고자 하는 대상에 대한 지식이 아니라 대상에 대한 경험을 통해 알아가는 과정이며 진정한 공감의 과정이다. 공감은 사랑을 통해서만 가능하다. 공감의 시선으로 자기 자신을 바라보아야 한다. 이해가 불가능하고, 수용은 더더욱 불가능한 자신의 모습일수록 '오죽하면 그렇게 했을까?' 하는 마음으로 오래 바라보고 자세히 들여다볼 때 자기 자신이 사랑스럽다.

여기서부터는 상담심리학에서 자기 자신을 진정으로 이해하고 받아들이는 과정을 살펴보고자 한다. 자기를 객관적으로 이해하겠다고 날카로운 칼날을 들이대는 파괴적 잔인함 대신 자비심이 있어야 자기 자신을 진정으로 이해할 수 있다. 여기서 이야기하는 방법을 통해 통제할 수 없는 인생에서 끊임없이 만나는 새로운 나의 모습을 사랑해보자.

통제할 수 있다는
착각이
나를 비틀거리게
만든다

사회적으로 기존 질서의 축이 흔들릴 때, 개인적으로 질적으로 도약하는 발달 전환기에 도달할 때, 살아가면서 굳게 믿고 있어 의식조차 하지 않고 당연하게 생각했던 신념이 깨지는 사건을 경험할 때 삶에는 균열이 생긴다. 이때 우리는 충격과 당황으로 우왕좌왕한다. 기존의 체계로는 더 이상 방어할 수 없는 수준으로 균열이 깊고 넓어지면 공포와 불안에 휩싸이게 된다. 그리고 삶이 순항할 때는 그럭저럭 질서 있게 조화를 이루고 사이좋게 어우러졌던 다양한 페르소나들이 매우 낯선 모습으로 튀어나와 나를 당혹시킨다. 진정 내 것이라고 생각했던 모습들이 한낱 코스프레에 불과했다는 아찔한 깨달음이 나를 위협하는 순간이다.

이럴 때 대부분의 사람은 일차적으로 외적인 사건과 환경을 변화시킴으로써 다시 통제감을 회복하려고 노력한다. 항상성이 깨진 상태가 고통스럽기 때문에 외적인 문제부터 봉합하려고 온 힘을 기울이는 것이다. 급한 불부터 끄자는 심정으로 불안과 우울의 증상을 처치하기 위해 각종 대처법을 절실히 찾는 사람이 그 예다.

겉으로 드러난 심리적 증상만 처리하려고 하면 당장 문제는 겨우 봉합된 듯 보일 수 있다. 하지만 내가 나를 이해하지 못한 상태에서는 더 큰 인생의 파도가 닥칠 때 또다시 같은 증상을 겪을 수 있다. 더 나아가 난파당할 수도 있다는 생각에 인생의 파도를 만나는 것 자체를 두려워하며 살아갈 수 있다.

내면으로의 초대장은 위기와 함께 찾아온다

●

고등학교 때 늘 전교 1등을 도맡아 하던 남학생 A는 수능에서 예상치 않던 실패를 맛보았다. 어이없는 실수를 해서 수석을 넘보던 학교에 입학조차 하지 못한 것이다. 그런데 그보다 더 괴로운 것은 자기보다 아래라고 생각했던 동급생들이 버젓이 그 학교에 입학한다는 사실이었다.

원수는 외나무다리에서 만난다고 했던가. 어느 날 A는 가장 만나고 싶지 않았던 그 동급생들을 전철 같은 칸에서 만났다. '저건 내 모습이어야 하는데……'라는 생각이 드는 순간 되레 겸연쩍어하는 동급생들의 태도에 기분이 상했다. 하지만 당시를 회상하면서 나에게 이렇게 말했다. "뭐, 사는 게 다 그런 거죠." 마음과 표정을 동시에 관리해야 하는 모범생은 성적 순으로 대입이 결정되는 것이 아니라는 사실을 머리로는 이해했다. 대입 실패와 순서의 역전은 당연히 일어날 수 있다는 것도 인정했다. 그러나 그것이 남의 현실일 수는 있어도 자신의 현실로는 받아들이지 못했다.

이 친구가 상담실에 오게 된 것은 뜬금없이 나타난 증상 때문이었다. 어느 날부터 쇠로 된 물건은 그 어떤 것도 손으로 잡을 수 없었다. 젓가락뿐 아니라 전철 문을 만질 수도 없었다. 쇠로 된 것이 너무도 많아 목장갑을 끼고 생활할 수밖에 없을 정도였다. 대입 실패로 이미 마음이 휘청한 이 친구는 그런 증상 때문에 얼마나 두렵고 불안했겠는가?

19세기 말에 지크문트 프로이트Sigmund Freud의 환자 가운데 이유 없이 마비 증상을 보였던 히스테리 여성 환자가 생각나는 내담자였다. 왜 그런 증상이 나타났는지를 제대로 이해하려면 깊고 세밀한 치료과정이 필요하겠지만, 아마도 쇠로 상징되는

구 구박하기 시작한다. '대체 너 왜 이러니? 너 정말 이 정도밖에 안 되는 사람이었어?'

해결할 수 없는 문제에 매달리면 매달릴수록 자신이 원하는 것에서 점점 더 멀어지고, 운명이 나를 비웃는 것만 같은 생각에 사로잡힌다. 이런 비참함은 내 인생 전체, '나'라는 사람 자체가 잘못된 것 같은 아찔한 공포로 확장된다. 상담실 문을 두드리는 내담자들은 대부분 이런 상태에서 도움을 요청한다. 상담 신청서에 '자신이 경험하고 있는 문제가 무엇인지 해당하는 것에 모두 체크하세요'라는 항목이 있다. 대부분의 내담자는 어려움을 겪고 있는 구체적인 문제와 더불어 자존감의 문제에 체크한다. 문제에 시달리다 보면 결국 자기가 싫어지고 바보 같아 견딜 수 없게 되는 것이다. '꼭 가지고 싶은 그 무엇을 내가 왜 갖지 못해야 하지?' '그 많은 사람 중에 하필이면 왜 내가 이 일을 당해야 하지?'라고 생각하며 맞닥뜨린 문제를 해결하지 못하는 자기 자신을 용납할 수 없는 상태에서 상담실을 찾아온다.

장 폴 사르트르Jean Paul Sartre는 이를 '체포된 상태arrested state'라고 했다. 처음에는 상황과 문제만 통제하지 못했는데 점차 무력감이 커지면서 자기 자신의 마음도 통제할 수 없게 된다. 그래서 상황이 끌고 가는 대로 감정이 덮치는 대로 자기 자신에 대한 주도권을 다른 누군가에게 내어주게 된다. 이렇게 무력감의 나락으로 빠져들 때 주변 사람과의 관계도 틀어지는 경우가 많다. 이러한 상황이 되면 나 외의 모든 사람이 행복해 보이고 그 누구도 내 마음을 이해할 수 없다고 생각하면서 자신을 점점 고립시키기 때문이다. 주변의 친구와 가족들이 건네는 조언과 충고들, 예컨대 "네가 너무 예민하다" "그만한 일은 잊어버려라" "누구나 다 겪는 일이다"라며 자꾸 마음가짐이나 태도 등 나의 뭔가를 고치라고 하는 외부자적 처방은 내용이 아무리 훌륭해도 유리방에 갇힌 나에겐 전혀 설득력이 없다. 모두 나를 안타깝게 생각하고 도와주려고 하는 이야기라는 것을 알지만, 공연히 심통이 나서 그런 이야기는 더 이상 듣고 싶지 않다.

이는 마치 어린아이들이 인지가 발달하는 과정에서 자기중심적으로 세상을 인지하는 경향과 비슷하다. 어린아이는 발달 특성상 자기 주변에서 일어나는 모든 일이 '나 때문에' 일어났다고 생각하는 경향이 있다. 자신이 근본적으로 잘못된 fundamentally wrong 존재이기 때문에 이런 어려움을 겪는다고 생각한다. 부모에게 학대를 당하고 부모가 싸움을 하고 이혼을 하는 원인도 자기 자신 때문이라는 식의 근거없는 생각에 빠지는 것이다. 심지어 부모님이 일찍 돌아가셔서 무의식적으로 죄책감을 지니는 경우도 있다.

그 결과 나 때문이라는 심리적 부채감이 자신을 있는 그대로 느끼고 표현하는 자기인식의 방식을 뒤틀어 놓는다.

이때 드러내지 못하는 자신의 모습을 알아보고 체포된 상태에서 꺼내줄 사람이 필요하다. 그러기 위해서는 먼저 나의 착각을 일깨워야 한다.

균형과 불균형 그 사이에서
주체성을 잃지 말 것

•

'나는 누구인가?'라는 질문은 평생 하는 것이지만 늘 인식하며 살지는 않는다. '어떻게 하면 잘살 수 있을까?'를 생각할 뿐이다. 예측할 수 있고 통제할 수 있는 항상성 속에서는 자기자신과 평온하게 지낼 수 있기 때문에 익숙한 나 자신에게 굳이 '넌 누구니?'라고 물을 필요가 없다.

그런데 삶에서 항상성은 깨지기 마련이고, 우리가 살아 있는 한 깨진 항상성을 되찾으려는 역동성을 발휘하게 된다. 살아 있는 '나'는 균형과 불균형 사이에서 줄타기를 하고 있으며, 이러한 줄타기가 긍정적으로 작용할 때 삶의 동력을 만들어낸다. 온전한 나의 것이 없는 외부세계에서 내가 통제할 수 있는 1퍼센트라도 찾아 통제감을 가질 수 있으면 사람들은 중심을 잡기 시작한다. 이별통보를 받은 가여운 B가 그나마 통제할 수 있는 것은 무엇일까? 상대의 마음보다는 그래도 자기 마음이다. 상대방의 마음을 이해하고 변화시키려고 되지도 않는 노력을 백방으로 하는 것보다는, 차분히 자기 마음을 불러 앉혀서 달래고 이 사태를 어떻게 보아야 할지 같이 의논하는 것이 낫지 않을까? 세상이 완전히 무너진 것 같은 무력감 속에서 살아나려면 통제할 수 있는 영역에서 희미한 1퍼센트의 가능성을 붙잡아야 한다.

그 가능성을 붙잡는 주체성이 새로운 나를 만나게 해준다. 내가 누구인지를 알아가는 것은 구체적인 삶의 경험과 동떨어진 형이상학적 탐색이 아니다. 실패하고 차이고 깨지는 구체적 사건을 겪으면서 낯설게 만난 나에게, 찬찬히 말을 건네고 표정을 들여다보고 하고 싶은 이야기를 편히 할 수 있게 해주면서 알아가는 것이다. 그런데 깨진 현실에서 불쑥 튀어나온 나는 살아오면서 부모도 친구도 배우자도 만나지 못했던 모습일 수 있다. 마치 지킬 박사 내면의 하이드처럼 또는 하이드 내면의 지킬 박사처럼 지금까지 알고 있던 나와는 전혀 닮지 않을 수 있다. 이런 낯선 나 자신에게 손을 내밀고 받아들이려면 용기가 필요하다.

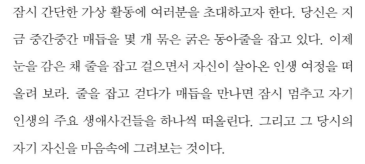

나이가 든다고
어른이
되는 것은
아니다

잠시 간단한 가상 활동에 여러분을 초대하고자 한다. 당신은 지금 중간중간 매듭을 몇 개 묶은 굵은 동아줄을 잡고 있다. 이제 눈을 감은 채 줄을 잡고 걸으면서 자신이 살아온 인생 여정을 떠올려 보라. 줄을 잡고 걷다가 매듭을 만나면 잠시 멈추고 자기 인생의 주요 생애사건들을 하나씩 떠올린다. 그리고 그 당시의 자기 자신을 마음속에 그려보는 것이다.

눈을 감고 천천히 걷다가 매듭을 만났을 때 어떤 생애사건이 떠오르는가? 그리고 그때 만난 자기 자신의 모습은 어떠한가? 매듭에서 만난 내 안의 아이, 청소년, 어른을 바라보면 어떤 감정이 올라오는가? 이 활동은 실제 집단 상담에서 사용한다. 활동 자체는 매우 간단하지만 줄을 잡고 걸으면서 손에 잡히는 인생의 매듭마다 멈춰 선 사람들의 반응은 다양하다. 어떤 사람은 하염없이 눈물을 흘리기도 하고, 어떤 사람은 긴장해서 얼굴이 굳어지기도 하고 또 어떤 사람은 불편해하기도 한다. 사람마다 더 오래 머물고 싶은 매듭이 있고 빨리 지나가고 싶은 매듭도 있다.

우리의 인생은 완만한 성장곡선을 그리는 시기도 있지만 변곡점이 있어 곡선의 기울기가 급변할 때도 몇 번 있다. 주요 생애사건은 이러한 변곡점을 만들 수 있는 기회이자 위기다. 주요 생애사건들을 기점으로 우리는 이전과는 질적으로 다른 삶의 기술과 태도가 필요해진다. 삶의 덧셈, 뺄셈만으로도 무난하게 살았던 과거를 지나 새로운 발달의 문을 통과하려면 삶의 인수분해를 해결할 수 있어야 할 때가 있다.

나에게는 세 아들이 있는데 막내가 태어났을 때 세 살짜리 둘째 녀석이 '자기 자신은 누구인가?'에 대해 매우 혼란스러워했던 적이 있다. 왜냐하면 막내가 태어나기 전에는 동생이기만 했는데, 이제는 동생이면서 동시에 형이 된다는 것이 이 꼬마에게는 엄청난 정체성의 위기였기 때문이다. 단순했던 관계에서 하나의 관계만 추가되어도 '나는 누구인가?'에 관한 답은 이렇게 복잡해진다. 그러니 인생 관문을 하나씩 통과하면서 새롭게 맺는 관계, 수행해야 하는 역할, 갖춰야 하는 역량 등이 달라질

때마다 '나는 누구인가?'라는 근본적인 질문이 우리를 얼마나 곤혹스럽게 만들겠는가?

인생의 변곡점에서 처리하지 못한 감정들

●

발달과업developmental task이란 심리학적으로 개인이 환경에 적응하기 위해서 발달 단계마다 성취해야 하는 과업을 말한다. 발달과업의 종류에 따라 사람에 따라 주요 생애사건의 통과 난이도는 달라진다. 어떤 발달과업은 통과하기가 수월해서 성장곡선을 완만하게 만들지만, 어떤 발달과업은 통과 자체를 지체하기도 하고, 어떤 발달과업은 성장곡선의 기울기를 급격하게 바꿔버리기도 한다. 예를 들면 어떤 사람은 인간관계와 관련된 생애사건들에서는 성장곡선이 완만하지만, 일과 관련된 생애사건들에서는 롤러코스터를 타듯이 성장곡선이 늘 불안정하거나 통과를 지체하기도 한다. 이제까지 살아오면서 유난히 어려움을 겪었던 지점이 있는가? 그 지점에서 당신은 심각하게 마음고생을 했을 것이다. 그리고 그 고통은 당신의 인생 곡선에서 변곡점이 되었을 것이다. 그 고통의 경험은 똑바로 대면하면 이전과는 전혀 다른 자기가 되는 자기 갱신의 기회일 수도 있다. 물론 고통을 느끼기가 너무 괴로워서 평생 미해결 과제로 마음 깊숙한 곳에 꽁꽁 동여매두는 사람도 있다.

나는 가끔 이화여자대학교 연구실에서 상담을 한다. 나이 지긋한 중년의 여자 내담자들에게는 이화여대 캠퍼스에 오는 것 자체가 그들의 내면 깊이 숨겨진 좌절 경험을 건드리는 경우가 종종 있다. 이젠 기억도 희미한 수십 년 전의 경험이고 다 지난 일이라고 치부했던 감정들이 얼굴을 내미는 것이다. 꽃다운 젊은 시절에 꼭 가고 싶었던 드림스쿨 진학에 실패했다는 쓰라린 경험은 마음 한구석에서 사라지지 않고 웅크리고 있다가, 꿈의 캠퍼스에 들어서는 순간 걷잡을 수 없이 힘든 감정을 불러일으킨다. 아마도 20대 초반 대입에 실패했을 당시의 그녀는 자신이 얼마나 속상하고 화나고 슬픈지 알아차리지 못했을 가능성이 크다. 실패한 것도 속상하지만, 그렇다고 해서 주저앉은 모습을 보이는 것은 심히 자존심 상하는 일이었을 수도, 주변 사람들에게 면목이 없는 일이라고 생각했을 수도 있으니까.

이렇듯 주요 발달과업을 통과하는 과정에서 제대로 처리되지 않은 감정들은 무의식적으로 정체성에 계속해서 영향을 미친다. 이러한 콤플렉스는 매우 끈질기기 때문에 작심하고 멈춰서 '나 왜 이러지?'라고 스스로에게 묻고 치유하지 않으면 계속 대물림된다. 실제로 자신의 학력 콤플렉스를 해결하지 못한 엄

업은 당연히 해야 하는 통과의례라고 점점 믿게 될 수 있다.

발달과업 관문 앞에 서서 '가장 나다운 결정은 무엇일까?'를 성찰할 때는 다양한 선택 가능성을 열어두어야 한다. 여성들이 결혼, 출산, 첫 아이의 초등학교 입학과 더불어 자기 일을 포기할 것을 강요받는 상황에서, 자기 일을 끝까지 견지하고 주장할 수 있는 수많은 김지영이 자라나야 한다. 또 김지영과는 다른 자기다움을 꽃피울 가능성도 있어야 한다. 예컨대 독립적이고 똑똑한 여성이지만 전업주부로 살면서 건강한 가족을 일구는 것이 자신에게는 가장 중요한 가치임을 눈치 보지 않고 똑부러지게 말할 수 있는 개방성도 필요하다.

학생들과 여성의 일과 가정의 양립에 관한 이야기를 나누다 보면, 그들의 사회적 문제의식은 날카롭지만 개인의 가치 기준에 대해서는 성찰할 기회가 실제로 많지 않다는 것을 알아채게 된다. 한국사회에는 공부를 잘하면 뭐든지 다 잘될 것이라는 이상한 맹신이 뿌리 깊게 자리하고 있다. 고학력 여성들은 '나와 비슷한 수준의 유능한 배우자를 만나 서로 잘 도우며 공동양육을 하면 되지, 일과 가정의 양립이 뭐가 어렵지?'라는 순진한 환상을 갖고 있다. 그러다가 막상 결혼, 임신, 출산의 현실에 부딪히면 여지없이 조선시대 남성으로 변신하는 남편도 황당하지만, 자기 자신의 내면 깊숙이 숨어 있던 가부장적 가족주의의 민낯을 만나면서 당황하게 된다.

결혼 전에는 워킹대디를 연구하겠다고 두 주먹을 불끈 쥐던 대학원생 D가 있었다. 그런데 막상 출산을 하고 나니 육아를 남편에게 맡기는 것이 도무지 마음이 놓이지 않더란다. 그래서 남편의 육아에 감 놓아라 배 놓아라 잔소리를 하며 본의 아니게 고약한 양육 감시자 노릇을 하게 되었다. 그러다 보니 자연스럽게 양육 보조자로 밀려난 남편이 출산 전과는 이야기가 다르지 않냐고 오히려 아내에게 항변했다고 한다. 이 새내기 엄마는 엄마의 역할에 관한 이성과 감정 사이를 왔다 갔다 하고 있다. 자신은 어떤 엄마, 어떤 여자, 어떤 사람인지 그리고 어떤 엄마, 어떤 여자, 어떤 사람이 되고 싶은지를 '~임being'과 '~이 됨becoming' 사이에서 고민하기 시작한 것이다. 이 과정에서 D는 자신의 정체성을 확인하고 만들어가리라.

가여운 오이디푸스들의 힘겨운 독립
•

탄생 이후 우리가 만나는 첫 우주는 가족이다. 특히 부모는 어떤 경우에도 개개인에게 아주 특별한 대상이 되어 '내가 되는 것'에 결정적인 영향을 미친다.

정신분석의 창시자 프로이트는 오이디푸스 신화를 통해 부모가 자녀에게 끼치는 운명적인 영향력을 통찰했다. 프로이트의 분석에 따르면, 오이디푸스 신화에서 아버지를 질투하고 배척해서 어머니를 자신의 것으로 삼고 싶어하는 것이 인간의 무의식적 소망이다. 그리고 이 원초적 소망이 해결되지 않은 오이디푸스콤플렉스Oedipus complex가 신경증의 원형이라고 설명한다. 근친상간으로 인간의 모든 심리 문제를 설명하다니 과학성이 매우 떨어져 보인다. 그러나 오이디푸스 신화의 상징적 의미를 생각해보면 자녀가 자기 됨을 잘 발현하도록 부모가 어떤 역할을 해야 하는지에 대해 지혜를 얻을 수 있다.

오이디푸스는 그리스 신화에 등장하는 도시 테베의 왕 라이오스와 왕비 이오카스테의 아들이다. 라이오스는 이 아들이 '아버지를 죽이고 어머니를 범할 것'이라는 신탁을 받고 두려움에 떨다가 아들 오이디푸스를 내다 버린다. 그런데 버려진 아들이 이웃 나라의 왕자로 입양되었다가 똑같은 신탁을 듣고 친부라고 믿던 양부를 떠나고 만다. 결국 이러저러한 과정을 거쳐 오이디푸스는 라이오스 왕이 자신의 친부라는 사실을 까맣게 모른 채 살해하고, 미망인이 된 자기 어머니를 왕후로 맞이해 자녀들까지 낳으면서 비극적 신탁은 실현되고 만다. 그런데 오이디푸스가 왕이 되어 다스리는 나라에 전염병이 돌자, 원인을 찾는 과정에서 오이디푸스는 자기가 죽인 사람이 친부이고 결혼한 여자가 친모라는 비극적 사실을 알게 된다. 이 사실을 접한 이오카스테는 목을 매달아 자살하고 오이디푸스는 스스로 자기 눈을 찌르고 장님이 되어 비참한 결말을 맞는다.

오이디푸스 신화에서 주목해야 할 것은 무엇일까? 성격, 장애, 한계, 기질 등 자녀가 타고난 무엇이든 부모가 두려워해서 감당하지 못해 외면하고 거절하면 모두에게 비극이 된다는 사실이다. 자녀가 타고난 자기다움을 건강하게 발현하기 위해서는 거칠고 둔탁한 자신의 모습 그대로 기꺼이 감당해줄 대상이 있어야 한다. 부모의 가장 중요한 역할이 그런 것이다. 아이가 스스로 감당하지 못하는 자신의 특성들을 뿜어낼 때, 그것에 휘둘리지 않고 잘 소화해서 다시 아이에게 돌려주는 것이다. 부모가 자식을 감당하기가 버거워 내치거나 아니면 자기 틀 안에 가두어 통제하려고만 할 때 아이들은 고유한 자기다움을 펼쳐나갈 수가 없다.

인간은 근본적으로 '버려짐에 대한 두려움fear of abandonment'과 '먹혀버림에 대한 두려움fear of engulfment'을 갖고 있다. 자녀가 되고 싶어하는 것을 경계하지도 않고 먹어버리지도 않으려는 성숙함이 부모에게 있을 때 자녀들이 자기답게 성장한다. 이런 성숙함을 갖추는 것은 정말 어렵다. 부모 입장에서 자식을 오복五福에도 들지 않는 애물단지로 여기거나 자기 삶의 성적표 정도로 생각하는 경우가 얼마나 많은가? 이 애물단지가 부모의 형편없는 성적표로 보일라 치면 호적에서 파내고 싶은 심정이 들 수도 있다. 아들이 자기를 죽일지도 모른다는 두려움에 갓난 아기를 버리는 라이오스의 잔인성은 실제로 부모의 내면에 도사리고 있다.

부모가 자신을 버리거나 완전히 통제하려고 들 때 아이들은 자기다움을 탐색하기 어렵다. 내처지지 않기 위해 부모가 원하는 대로 열심히 공부하거나 착한 아이가 되려고 한다. 아니면 숨 막히는 통제와 압박에서 벗어나기 위해 비행 청소년이 되어 만행을 저지르는 식으로 부모의 울타리에서 뛰쳐나가기도 한다. 부모가 자녀의 고유성에 관심을 갖고 자녀를 키우는 대신 두려워하고 거절하면 아이들은 부모의 기준에 자신을 맞추기 위해 자기다움을 부인하고 왜곡하기 시작한다.

더구나 부모가 자녀의 감정을 소화해주기는커녕 오히려 부모 자신의 소화하지 못한 감정 쓰레기를 자녀에게 쏟아부으면 문제는 아주 심각해진다. "너희 아빠 때문에 엄마는 못 살겠다" "너희 아빠랑 지금까지 같이 사는 건 모두 너 때문이다" "네가 크고 나면 엄마는 이혼할 것이다" 등의 하소연을 듣고 보고 자라난 아이들은 정작 자기가 힘들 때 "힘들다"는 말을 도저히 꺼

낼 수가 없다. 안 그래도 힘들어 죽겠다는 부모에게 자기의 짐까지 보탤 수는 없기 때문이다. 그래서 부모의 감정적 이야기를 꾸역꾸역 들어주고, 좋은 성적과 착한 행동으로 부모의 고통을 덜어주려고 애쓰게 된다. 이러한 상황에서 아이가 자라 어른이 되면 겉으로는 철든 것 같지만 내면적으로는 여전히 자라지 못한 아이가 웅크리고 있다.

대학에서 만나는 모범생들 중에는 가여운 오이디푸스가 많다. 이들은 대개 성취도는 높은데 내면적으로 매우 불안하고 진정으로 자기가 원하는 것이 무엇인지 잘 모른다. 좋은 대학에 들어오는 것으로 부모의 기대를 어느 정도 충족했으니 이젠 성인으로서 자기에게 맞는 관계를 맺고 진로도 찾아야 한다. 그런데 외적 성숙에 비해 내적 성숙이 빈약하다는 사실을 깨달으면서 삶의 지반이 흔들리는 것이다. 정리하자면 부모 모두가 건강한 동일시 대상이 되지 못했던 아이들은 성인기로 접어들면서 갑자기 중요한 문제로 떠오르는 '나는 이제 어떻게 살아야 하는가?'라는 물음에 어떻게 답해야 할지 모른다.

이러한 '성인아이'들은 사실 우리나라 가정에서 나타나는 오이디푸스콤플렉스의 전형적인 사례다. 무서운 부모가 정해준 규율에 따라 또는 희생하는 부모에게 기쁨을 주기 위해 살아온 그들 안에는 부모의 목소리가 있다. 내 안에 '그 사람'이 살고 있는 것이다. 부모에게 붙들려 있는 자녀들이 자신의 정체성을 오롯이 세워본 적 없는 채로 부모가 되면, 대부분 자신이 이루지 못한 꿈을 이루어야 하는 도구로 자녀를 이용한다.

자신이 이루지 못한 꿈은 마음에 환상으로 남아 있기 때문에 절대적으로 아름답고 이상적이다. 그래서 자녀에게 "다 너를 위한" 거라며 자신의 꿈을 자녀의 꿈으로 주입시킨다. 이런 부모의 요구를 성공적으로 채워주었던 모범적이고 착한 자녀들은 점점 부모에게 잡아먹히기 쉽다. 이 밀착감은 사랑으로 둔갑하는 경우가 많아, 대부분 문제가 터지기 전까지 부모가 과도하게 경계를 침범했다는 사실을 식별하기조차 어렵다.

엄마가 페이스북 친구신청을 해서 받아주기는 했는데, 엄마의 게시물이 자신의 페북에 버젓이 올라와 너무 싫다는 학생 E가 있었다. 친구들은 "그게 말이 되냐?"며 당장 엄마와 페친을 끊으라고 하지만, 당사자인 E는 "페친을 끊으면 엄마가 섭섭하다고 난리 칠 것이 뻔해서 그럴 수도 없다"라며 한숨을 내쉬었다. 대학생 아들들의 페친이었던 나는 이 이야기를 듣고 내심 뜨끔했다. 수업 끝나자마자 아들들의 페북 월드에서 자진 퇴장했다. 이렇게 자녀들의 자율성을 존중해야 하는 놀이판에서 부모는 "우리가 남이가?"라며 친밀함이라는 무기를 들이밀면서 그 무례함이 문제가 될 것이라고 인식조차 하지 못한다.

더 심각한 사례도 있었다. 대학 입학 전까지 F에게는 둘도 없는 친구 사이로 지냈던 똑똑하고 유쾌한 무남독녀 외동딸이 있었다. 딸은 학교생활, 친구와의 갈등 같은 소소한 일상 이야기를 모두 F와 공유하고, F와 쇼핑하고 놀러 다니는 것을 가장 재미있어 했다. 그런 딸이 유학을 떠나던 날 F와 딸은 이역만리에서 눈물을 흘리며 이별했다. "엄마 없이 외롭고 허전해도 친구들 사귀고 잘 지내." 애틋한 마음으로 딸과 이별하고 돌아온 F는 딸이 잘 적응할까 걱정되어 뜬눈으로 밤을 새웠다.

그런데 웬걸? 딸은 대학 기숙사에 들어가 웰컴파티를 시작하는 순간부터 F에게 연락하겠다는 약속을 새까맣게 잊어버렸다. 이후 자기 세계를 신나게 모험하며 F와 선을 긋기 시작했다. F는 딸과 점점 더 멀어지는 것 같은 거리감 때문에 너무 당혹스럽고 고통스러웠다. 하지만 "너 왜 이러냐?"라고 캐물으면 딸과 더 멀어질까 봐 겉으로는 괜찮은 척했다. 그러나 딸과 멀어졌다는 현실을 믿을 수가 없어 속이 타고 식음을 전폐할 지경이 되자 F는 혼자 상담실을 찾았다. 놀라웠던 것은 이 F가 딸의 일상을 따라가기 위해서 한국에서도 딸이 지내는 미국 시간대에 맞추어 살고 있었다는 사실이다.

자기 엄마 삶의 연장선 상에서 살아가고 있는 워킹맘들은 다음과 같이 말한다.

"엄마가 항상 일하는 것을 보고 자라서 여자가 일하는 것이
당연하다고 생각했어요."

"평생 전업주부였던 엄마가 '너는 엄마처럼 바보같이 살지
말고 꼭 너의 일을 해라. 엄마가 아이들 다 키워줄 테니 절
대 일 그만두지 말라'고 해서 일해요."

자신 안에 여전히 이어져 있는 엄마 인생을 대신 살고 있
는 것이다. 남성들의 경우도 다르지 않다. 최근의 젊은 아빠들
은 뉴 대디New Daddy 워크숍에 참여할 정도로 좋은 아빠가 되고
싶은 마음이 가득하다. 그런데 직접 만나보면 '우리 아버지처럼
되지 않는 것'이 목표라고 말하는 남성들이 꽤 많다. 적어도 '저
렇게는 되지 말아야겠다'는 기준이 있으니 역설적 동일시라고
해야 할까? '미워하면 닮는다'는 말은 사실이다. 인간관계에서
해결되지 않은 감정이 남아 있으면 그것이 빌미가 되어 우리의
정체성을 그 대상과 자꾸 묶어두게 된다.

커다랗고 절대적 존재였던 부모가 내 앞에 놓인 문을 더 이
상 열어주지 못할 때, 내 안에 깊이 자리 잡은 부모의 목소리는
낮추고 내 목소리를 높여서 들어봐야 한다. 아무리 사회적으로
성공하고 훌륭한 부모라고 해도 자신이 늘 옳다고 생각하면, 자
기와 다른 자녀의 기질이나 특성들에 관심을 갖고 관찰하면서

장점을 살릴 수 있도록 북돋아주기 어렵다. 자기와 다른 것을 받아들이지 않는다는 뜻이다. 그래서 사회적으로 화려하게 성공한 부모가 의도치 않게 자녀들을 우울증의 감옥에 가두는 경우가 많다. 그 자녀들은 겉으로는 "내가 알아서 한다"라고 큰소리쳐도, 속으로는 자신을 한심해하거나 못 미더워하는 부모의 목소리와 표정이 마음에서 사라지질 않는다. 그리고 자신의 선택을 배포 있게 끌고 가지 못한다.

반면에 자식이 자기보다 대견하고 기특해서 "넌 어쩌면 이런 것도 잘하니?"라는 부모의 칭찬을 받고 자란 아이들은 자신의 욕구, 감정, 생각을 정확하게 알고 있다. 그렇게 부모에게서 독립해 자기 이상, 삶의 기준을 세우는 것이 진정한 내가 되는 길이다. 그래야 한 인간으로서 부모의 한계를 안쓰럽게 여기고 그들의 잘못된 언행들을 용서해 진정으로 독립된 하나의 인격체로 재탄생할 수 있다. 내 안의 그 사람과 아픈 이별을 할 때 그리고 그 사람 안의 내가 뚜벅뚜벅 내 길로 걸어 나올 때, 아이러니하지만 진정한 나와 함께 그를 제대로 만날 수 있다.

유연함을
연습할수록
'나'는
단단해진다

독일의 문호 요한 볼프강 폰 괴테Johann Wolfgang von Goethe는 "인간은 모두 무언가 되고 싶어한다. 하지만 누구도 무언가가 되려고 노력하지는 않는다"라고 했다. 마찬가지로 우리는 진정한 자기가 되고 싶어하지만 그렇게 되기 위한 노력은 잘 하지 않는다. 이 세상을 살면서 무언가가 되지 못하고 살아가는 거야 별문제는 아니지만, 진정한 자기 자신으로 살아가지 못하는 유체이탈의 삶은 정말 큰 문제가 아니겠는가?

앞에서 이야기했듯이 자기다움을 발견해나가는 과정은 퍼즐 맞추기에 비유할 수 있다. 각각의 부캐들이 한 조각의 퍼즐이 되어 통합된 하나의 전체 퍼즐을 완성해가는 것은 개방적이고 역동적인 탐색의 과정이다. 그리고 퍼즐 조각을 하나씩 맞추면 윤곽이 드러나 고난도의 퍼즐 조각도 제자리를 찾기 쉽듯이, 조각나 있던 모습들이 자기 자리를 찾기 시작하면 '나'라는 사람의 윤곽이 점점 드러나 흩어져 있던 내 모습들도 한데 어우러진다. 즉 '나'라는 퍼즐 맞추기는 구체적인 경험의 조각들인 나의 생각, 감정, 욕구들을 생생하게 마주하면서 완성해나가는 과정이다.

그런데 이러한 자기다움의 퍼즐 맞추기에는 따라야 할 원리들이 몇 가지 있다. 이 원리들은 퍼즐 맞추기가 보다 선명하고 완성도가 높아지는 데 도움이 된다. 지금 당신 앞에 놓인 자기다움을 찾는 퍼즐을 바라보라. 어떤 상태인가? 아직 윤곽도 잡지 못했는가? 군데군데 조각을 맞추었는데 전체는 아직 연결을 못하고 있는가? 조각 몇 개는 어디에 두어야 할지 몰라 만지작거리고만 있는가? 그렇다면 지금부터 진정한 자기다움의 퍼즐을 맞추는 원리를 살펴보자.

'나'를 마주할 용기 갖기

●

상담심리학 수업에서 나는 매번 학생들에게 자기 분석 보고서를 과제로 내준다. 자기의 별칭을 정하고 자기 자신의 모습을 제3자의 입장에서 자세히 들여다보는 과제다. 이 과제는 학생들에게 늘 뜨거운 감자다. 이 분석 과제를 통해 자신을 깊이 이해할 수도 있지만 동시에 이 과제를 작성하는 것이 수업과제 이상의 긴장과 불안을 동반하기 때문이다. 그래서 자기다움의 퍼즐을 맞추는 첫 단계는 버리고 싶은 자신의 퍼즐 조각을 집어 들고 마주할 용기를 갖는 것이다.

용기는 영어로 courage이며 심장을 뜻하는 라틴어 core에서 나온 말이다. 심장은 신체적으로는 혈액이 순환하는 핵심부를 가리키며, 심리적으로는 성격의 핵심이자 특별히 직관과 감정을 가리킨다. 수치심 연구의 대가인 브레네 브라운Brene Brown에 따르면, 용기의 원래 의미는 '자신의 심장에 있는 것, 자기 마음을 말하는 것'이다. 다시 말해 진정한 용기는 영웅처럼 대담함을 발휘하는 것이 아니라, 자신의 가장 취약한 부분을 드러내고 마주하는 것이다. '미움받을 용기'를 제안한 알프레드 아들러Alfred Adler도 용기를 잃은 상태, 곧 '낙담한discouraged' 상태에서 여러 가지 문제가 발생한다고 말한다.

상담 과정에서 가장 중요한 순간은 내담자가 자기 자신의 마음속 깊이 묻어두었던 감정을 마주할 때다. 가난한 술주정뱅이 아버지가 너무 창피해서 자신은 반듯한 모범생이 되기 위해 열심히 노력했던 한 내담자는, 초등학생 때 친구들과 집에 가다가 만취해서 갈지자로 걷고 있는 아버지를 마주쳤던 기억을 떠올리며 오열했다. 쥐구멍에라도 숨고 싶었던 그 꼬마의 마음처럼 우리는 초라하고 수치스럽고 비도덕적이고 분노하는 자기 자신을 카펫 밑에 쑤셔 넣고 없는 척 살아가고 싶어한다.

그 밖에도 차마 마주할 수 없어 마음의 지하실에 깊이 가두고 있던 자기 모습은 여러 가지다. 성폭행을 당한 나, 엄마가 동네 마트에서 맛있는 거 사주고 훌쩍 떠나버려서 혼자 남겨진 나, 술 취한 아버지가 엄마를 때리기 시작하자 공포에 질려 엄마 살려달라고 온 동네를 뛰어다니며 울부짖던 나……. 대부분은 그것이 내 모습이라는 것을 인정하기 전에 부정부터 한다. '이게 왜 나야? 내가 이런 모습을 극복하려고 얼마나 애쓰며 살았는데 이게 나라니…….' 굳게 닫힌 지하실 문 앞에는 '접근금지' 팻말이 세워져 있어, 실제 어떤 모습으로 웅크리고 있는지 짐작도 할 수 없다. 이러한 접근금지는 회피, 억압, 분리, 해리 등의 심리학 개념으로 설명한다.

그러나 기억하자! 이제까지 자동 반사적으로 회피하거나, 억압했던 나를 마주하려는 용기를 내지 않으면 근사한 '나'가 되려는 모든 노력은 쉽게 찢어지는 포장지에 불과하다는 것을. 접근금지 팻말을 세워두고 단절된 자신을 만나지 않으면 나답지 않은 느낌, 광대로 사는 것 같은 공허한 슬픔에서 벗어나기 어렵다.

있는 그대로 받아들여주는 존재가 필요하다

•

마음의 지하실에 가둬둔 나를 마주할 용기는 나를 있는 그대로 담아내는 대상이 있을 때 가능하다. 공감을 잘하는 엄마들은 아이들이 언어적, 비언어적으로 표현하는 감정과 생각들을 민감하게 알아차리고 "우리 ○○가 무서운 모양이다, 피곤해서 짜증이 났구나"처럼 따뜻하게 반응한다. 아이들은 상대방이 자기 마음을 훤히 들여다본 듯 제대로 비춰줄 때 '내가 무서웠구나, 짜증이 났었구나'라며 비로소 자기 마음을 알아차린다. 이는 어린아이뿐 아니라 나이가 들어 성인이 된 뒤에도 마찬가지다. 성인 역시 자기 마음을 스스로 알기는 어렵고 마음을 비춰주는 대상이 필요하다. 그 대상은 말을 하지 않아도 직감적으로 내 상태를 알아차리기도 하고, 내가 복잡한 마음을 속속들이 털어놓아서 내 상태를 스스로 알아차리도록 도와주기도 한다.

자기의 상태를 있는 그대로 담담히 비추는 거울 같은 대상은 자기 자신이 누구인지를 알려주는 길잡이가 된다. 그리고 이 대상과의 관계가 점점 내면화되면서 지혜로운 자기대상 selfobject

이 내면에 자리 잡는다. 실제 외부 대상이 받아주었던 것처럼 자기 마음을 스스로 비추고 담아내는 존재다. 속이 시끄럽고 복잡할 때, 부정적 감정들이 뒤엉켜 스스로의 마음을 도무지 이해할 수 없을 때 그 지혜로운 자기대상이 "너 지금 무섭구나. 화가 난 거네, 그렇게 슬퍼서 어떡하니"라고 말을 걸면서 마음을 읽어주기 시작한다. 좋은 대상 경험이 있었던 사람들은 마음이 힘들어질 때, 이렇게 그 사람이 곁에 있다면 나에게 어떻게 해줄지 상상하면서 마음을 안정시킨다.

불행하게도 이런 존재들은 꼭 필요할 때 자리를 비운다. 혼자 자취하는 대학생 G가 학교에 적응하기도 어렵고 마음이 힘들어 집에 전화를 했다. 그런데 엄마가 "너 목소리가 안 좋네. 좀 쉬고 너 편해지면 이따 전화하자"라며 전화를 끊었는데 속이 그렇게 헛헛하더란다. '아, 엄마에게는 마음이 편할 때만 전화를 해야 되는구나'라는 생각이 들면서. 사실 숨 쉴 수 있도록 정서적으로 환기해주는 산소 같은 존재는 특별히 해야 하는 일도 없고 별다른 능력이 필요한 것도 아니다. 사심 없이 자기 마음을 내어주면 되는데, 자기 마음이 약하고 뒤틀려 있다 보니 그런 마음을 내어주기가 어려운 것이다. 딸의 지친 목소리를 듣는 것조차 불편한 엄마처럼 말이다.

이러한 환경에서 자란 사람들은 영원히 자기 자신과 친해질 수 없다고 생각할 수도 있다. 그러나 애착에 관한 연구들에 따르면 정서적 빈익빈 부익부는 자동으로 대물림되지는 않는다. 그렇다면 그 대물림의 고리는 어떻게 끊을 수 있을까? 상대방이 공감해줄 것으로 기대하고 다가갔는데 여지없이 거절당했던 그 지점에서 시작해야 한다. 자기 경험을 알아차리고 그때 자기가 하고 싶었던 이야기를 자기 입으로 되뇌어보고 외면했던 내 마음을 스스로 알아주면 그러한 고리를 끊어낼 수 있다.

H는 '나는 비정상'이라는 낙인을 마음에 새기고 있었다. 왕따를 당해 마음이 곤죽이 되어 있는 자신에게 되려 성격을 탓한 냉정한 엄마의 영향이 컸다. 그 때문에 성인이 되어서도 인간관계에서 지속적으로 어려움을 겪었다. 왕따를 당해 너무 힘들었을 그때 "엄마에게 무엇을 기대했던 걸까?"라는 질문에 H는 작은 소리로 "그렇게 힘들면 그냥 좀 쉬라고 말해주길 바랐다"라며 훌쩍거렸다. 소리 내어 말해야 했던 마음속 이야기는 물어봐주지 않으면 사라지지 않고 실타래처럼 엉켜 있을 뿐이다.

정서적으로 공감해주는 대상이 필요한 내담자에게 내주는 숙제가 있다. 왠지 마음이 끌리는 인형을 하나 사서 그 인형에게 아침저녁으로 기분은 어땠는지 물어보라는 숙제다. 그 물음에 답하면서 자기의 생각, 감정, 욕구를 점점 알게 되고 나를 선명하게 만들어갈 수 있다. '지난 일은 다 잊으라'는 말은 눈 가리고 아웅 하는 헛짓일 뿐이다. 마음의 퍼즐 한 조각이 제자리를 찾도록 그래서 자기 자리를 잡고 선명한 빛깔을 낼 수 있도록 기회를 줄 때 자기다움의 퍼즐 맞추기는 계속될 수 있다.

혼자서는 오랫동안 마음의 지하실에 가두어두고 해결하지 못했던 자기 자신의 정서적 과제에 손대는 것이 어려울 수 있다. 첫발을 뗄 수 있도록 곁에서 도움을 줄 사람이 필요하다면 전문 상담실의 문을 두드려보자. 상담을 받는 것은 자기 문제조차 스스로 해결하지 못하는 사람이 하는 부끄러운 일이 아니다. 가장 부드럽게 보듬어주어야 할 아픔의 조각을 없는 척하지 않고 받아들이고 끌어안으려는 진정 용기 있는 행동이다.

감정은 훌륭한 데이터다

•

'나는 _____이다'라는 문장의 빈칸에 들어갈 형용사 세 가지를 떠오르는 대로 적어보라. 당신은 어떤 형용사를 적었는가? 그 단어들은 자기 자신에 대해 느끼는 감정이며, 이는 크게 긍정적 감정과 부정적 감정으로 나눌 수 있다. 우리가 마음의 지하실에 자신을 가두는 이유는 내면의 모습을 마주할 때 떠오르는 부정적 감정이 나를 압도하기 때문이다. 예를 들면 우울한 사람들은 자기 자신과 세상, 미래를 부정적으로 바라보기 때문에 일어나는 모든 일을 부정적으로 받아들이는 1차 우울을 보인다. 더 나아가 우울한 자기 자신을 바라보며 2차 우울을 경험한다. '넌 어쩜 이렇게 우울하냐'고. 불안한 사람도 마찬가지다. 불확실한 상황에서 통제를 상실할 것에 대한 1차 불안을 가지고 불안한 자기 자신을 보면서 2차 불안을 경험한다.

우리는 부정적 감정이 올라오면 긍정적 감정으로 대치해야 한다는 강박을 갖고 있을 정도로 부정적 감정을 매우 부정적으로 대한다. 물론 긍정적 정서는 부정적 정서에 비해 타인의 의도, 태도, 감정, 욕구 등을 추론하고 인지적 조망수용능력 perspective-taking ability을 키우며 문제를 대할 때의 심리적 유연성 psychological flexibility을 높여 우리가 능동적 존재가 되게 하는 등여러 가지 장점이 있다. 그러나 부정적 정서를 올바르게 이해하지 않고 무작정 긍정적 정서로 바꾸려는 시도는 자기 자신을 향한 기만일 수 있다. 감정은 중요한 데이터기 때문이다.

감정이 생겼다는 것은 이를 통해 뭔가 알려주려는 데이터가있다는 뜻이다. 다만 이 데이터는 해석을 해야 한다. 예를 들어친구가 카카오톡 메시지에 답을 바로 하지 않아 하루 종일 일이손에 잡히질 않는다고 해보자. 이러한 당신의 상태에 담긴 감정은 무엇인가? 안절부절못하는 마음일 가능성이 높다. 친구의 카

톡으로 생긴 불안이라는 데이터는 친구와의 관계, 기질, 친구의 특성 등 맥락을 고려해서 다양하게 해석할 수 있다. 감정 데이터를 어떻게 해석하느냐에 따라 우리는 자기 자신과 상대, 세상을 폭넓게 이해할 기회를 갖게 된다.

또 감정 데이터에는 층위가 있으며 다양한 감정이 공존할 수 있다. 그런데 사람들은 대부분 겉으로 드러나는 한두 가지 감정이 전부라고 생각해서 자기 자신과 상대를 정확하게 이해하지 못하고 갈등의 골이 깊어지게 만든다.

어려운 가정환경에서 자랐지만 성실히 살아온 맞벌이 부부를 상담한 적이 있다. 남편은 일자리가 변변치 않은 아버지와 억척같이 일하면서도 통 큰 어머니 사이에 싸움이 끊이지 않는 가정환경에서 자랐다. 그는 그런 집구석에서 너무 벗어나고 싶었단다. 그래서 부모의 부부 싸움이 시작되면 이어폰을 귀에 꽂고 방에 틀어박혀 자기에게 집중했고 공부에만 몰두했다. 자기 분야에서 성공해 좋은 직장에 입사했고 성실하고 책임감 강한 아내를 만나 가정을 이루었다. 아내가 자란 가정환경도 평범치는 않았다. 일찍 혼자된 홀어머니 밑에서 자라며 고생하는 엄마를 기쁘게 해주려고 올바르고 열심히 살아온 사람이었다.

그런데 이 훌륭한 부부가 싸우면 아내는 직성이 풀릴 때까지 몇 시간이고 남편을 몰아세웠고, 남편은 상상하기 어려운 폭력적 행동을 일삼게 되었다. 두 사람이 표현하는 감정은 모두 분노였다. 그러나 이야기를 나누면서 그들의 분노 이면에 있는 더 깊은 감정이 드러났다. 목소리를 높이며 자기를 다그치는 아내를, 물건을 깨부수며 제압하고 싶었던 남편의 분노발작 이면에는 어린 시절의 가난과 부모의 싸움에 울분이 있었다. 반면 문제가 생길 때마다 자기 세계에만 빠져 있는 남편 때문에 치밀어 오르는 아내의 분노 이면에는, 자기가 열심히 살고 있다는 것을 알아주는 사람이 한 명도 없는 현실에서 뼛속 깊이 느껴야 했던 외로움이 있었다. 수면 위로 드러난 분노는 서로에게 상처를 줄 뿐이었지만, 그 아래 층위의 슬픔과 불안을 확인하는 순간 부부는 서로를 더 깊이 이해할 수 있게 되었다.

우울로 표현되는 감정의 이면에는 분노가 자리 잡고 있고, 분노로 표출되는 감정의 내면에는 우울이 자리 잡고 있는 경우가 흔하다. 비뚤어져서 폭력적으로 행동하는 비행 청소년들이 실제로는 깊은 우울에 빠져 있는 경우가 많으며, 우울을 호소하는 중년 여성들 중에는 분노를 내리누르고 있는 경우가 태반이다. 자기 자신을 보다 깊이 이해하려면 수면 위로 올라온 감정보다는 그 이면의 감정을 확인해야 한다. 1차 감정 또는 핵심감정이라고도 하는 이면의 감정을 자각하고 표현할 때 자기 자신을 분명하게 느낄 수 있다. 이 과정은 심리학적 개념으로 타당화validation라고 한다. 어떤 상황이나 경험 때문에 일어나는 자발적이고 원초적인 감정을 있는 그대로 받아주는 과정이다.

앞에서 살펴본 부부의 경우, 두 사람 모두에게 안정된 가정에서 보호받지 못하고 정서적으로 지지받지 못했던 어린 시절의 깊은 슬픔이 있었다. 이러한 1차 감정을 서로 알아채는 순간 두 부부가 보여주었던 깊은 이해와 연민의 순간을 아직도 잊을 수가 없다. 부정적 감정을 긍정적으로 바꾸는 것이 치유가 아니다. 가장 밑바닥에 있는 1차 감정을 진심으로 느끼고 언어와 온몸으로 표현해서 상대에게 전달할 때 진정으로 치유될 수 있다. 그러고 나면 움츠리고 꼬여 있던 자기 자신의 영혼이 날개를 펼치기 시작한다.

자기수용의 최고 단계, 유머를 발휘하라

•

인지심리치료의 대가인 앨버트 엘리스Albert Ellis는 정신병리의 원인이 비난이라고 보았다. 자기비난이나 타인의 비난이 마음의 지옥을 만들어내는 원동력이라고 본 것이다. 그렇다면 비난의 반대는 무엇일까? 칭찬을 떠올릴 수 있을 것이다. '칭찬은 고래도 춤추게 한다'고 하니, 자신감 회복을 위해 비난을 멈추고 칭찬거리를 찾아보라는 조언을 쉽게 하기도 한다. 그러나 사랑의 반대가 미움이 아니라 무관심이듯 비난의 반대는 칭찬이 아니라 수용이다.

물론 칭찬은 비난이 주는 파괴적인 영향을 멈추게 한다는 측면에서 긍정적 효과가 있다. 하지만 조건화conditioning 측면에서 개인의 자율성을 손상시킬 수 있는 위험도 있다. 누군가가 특정 행동이나 특성을 칭찬하면 우리는 무의식적으로 더 자주 그런 행동을 하고 그 특성을 드러내려 한다. 특히 칭찬하는 사람이 자신에게 중요한 사람이라면 더더욱 그렇다. "우리 아이는 손 하나 가지 않고 거저 키웠어요"라는 이야기를 듣고 자란 아이들은 착한 아이 콤플렉스에 갇혀 점점 더 착한 아이로 길들여진다. 즉 '만약 내가 …… 하면 사랑받을 만하다'는 조건이 있으면 인간은 그 조건에 맞지 않는 부분을 부인하거나 억압한다. 미국에서 가장 영향력 있는 심리학자로 두 번이나 지명되었던 칼 로저스Carl Rogers는 어떤 조건을 충족시킬 때 긍정적 강화positive reinforcement를 주는 것이 정신병리의 시발점이라고 역설했다. "네가 …… 하면 너는 좋은 사람이야"라는 명제에 길들여지면 그 조건에 맞추느라 진정한 자기는 소외되기 때문이다. 우리는 조건을 충족시키기 위한 긍정적 강화가 아니라 자신의 모습이 있는 그대로 누군가에게 받아들여지는 경험을 통해 진정한 자기 자신을 알 수 있다.

　누구나 있는 그대로 자기 자신을 떠올리고 받아들이는 것이 어느 정도 고통스럽다. 여러 번 이야기했던 마음의 지하실에 가둔 자신의 모습을 생각하면 비장해지기도 한다. 이 모습이 드러나면 다른 사람들이 자기를 비웃거나 떠나거나 욕할 거라고 무의식적으로 확신한다. 그래서 두 주먹 불끈 쥐고 그 모습을 바꾸거나 숨기려고 안간힘을 쓰는 것이다. 이때 못난 자신, 형편없는 자신의 몰골을 그저 웃어넘기면 어떨까? 너무 비장해지지 않고 약한 부분을 고치려 하지 않고 그저 웃어넘기는 것이다.

　유머의 힘은 상상 이상으로 크다. 나도 이러한 유머의 힘을 경험했다. 박사학위를 받고 국내로 돌아왔을 때 나에게는 이미 아들이 둘이나 있었다. '둘이나'라고 강조하는 것을 보고 눈치 챘겠지만 나는 아이를 두 명까지만 낳고 싶었다. 경력을 포기하지 않으면서도 내가 아이를 키울 수 있는 절대시간을 확보하기 위해 스스로 만든 인생의 규칙이었다. 하지만 아직 정식 교수로 자리 잡기도 전인 30대 중반에 셋째를 낳게 된 것이다. 축하할 일이었지만 적어도 당시 나에게는 진심으로 기뻐할 마음의 여유가 없었다. 오히려 '이제 내 경력을 여기서 포기해야 하나'라는 생각에 우울함만 가득했다.

　그때 연세가 지긋하던 미국 지도교수가 나의 이러한 마음을 알고 극단적 처방을 내렸다. "한국에서는 아들을 좋아하는데 너는 아들 셋 낳는 것을 별로 좋아하지 않으니 그중에 한 녀석을 팔면 어떻겠냐"는 것이었다. 아뿔싸! 그 교수 특유의 유머 감각을 익히 알고는 있었지만 아들 하나를 팔라니, 말도 안 되는 난센스 제안을 받고 한참 킥킥 웃었다. 신기하게도 나의 우울함이 사라진 것 같았다. 큰 두 녀석을 양 어깨에 올리고 갓난아이에게 젖 물릴 것을 생각하니, 가족계획 하나 제대로 못 세우는 칠칠맞은 여자처럼 느껴지고 전문직 여성으로서의 경력은 끝났다는 생각에 암울했는데 한결 가벼워지는 느낌이었다. "내 상황이 죽을 정도의 심각한 문제가 아니구나. 아들을 팔아봐?"라고 농담할 수 있는 상황이라는 것을 자연스레 받아들였다. 그렇게 인생계획에 큰 차질을 빚은 나 자신을 너그럽게 받아들였다. 아이를 한두 명 낳은 여교수들은 있지만 아들만 셋을 낳은 전문직 여성은 드물지 않은가? 이왕 이렇게 되니 아이들을 멋지게 키워보자는 배포와 오기도 생겼다.

이렇듯 자기 자신의 실수나 약한 부분을 받아들이고 나면 그 허점이 그렇게 심각하고 대단한 치명타가 아니라는 사실을 깨닫게 된다. 그런 여유가 생기면 치명적인 상황이 오히려 반전의 계기가 될 수도 있다. 유머가 있으면 못난 자기를 탓하거나 숨기려고 노력하는 대신, 웃어넘기면서 '그래, 어쩌겠어' 하며 내 의지로는 어쩔 수 없는 삶의 조건을 받아들이는 유연성이 생긴다. 심리적 유연성이 있으면 문제를 해결할 수 있는 다양한 대안을 고려하게 된다. 또 경직된 생각이나 감정으로 나의 결함을 부정하지 않을 수 있다. 당신의 치명적인 결함은 무엇이라고 생각하는가? 그 결함을 웃어넘기는 유머를 한번 발휘해보라. "그래, 나는 아들 셋이다. 어쩔래!!! 그래도 일하고 싶은걸!"

때로는 자기 자신과의 거리가 필요하다

•

나의 보기 싫은 모습과 경험을 받아들이고, 그 과정에서 겪는 고통에 매몰되지 않으면서 자기 자신에게 자비를 베풀면 여러 가지 이득이 있다. 그중에서도 가장 중요한 이득은 자기 자신과 심리적 거리감이 생긴다는 것이다. 증상과 문제에 매몰되어 있으면 문제가 없는 나 자신은 없는 것처럼 느껴진다. 예를 들면 우울한 사람은 '우울증=나'라는 등식이 마음에 자리 잡고 있기 때문에 '우울하지 않은 나'는 자기 자신이라고 받아들이지 않는다. 우울하지 않은 경험은 나의 경험에서 모두 지워지고 오로지 우울한 경험만이 마음에 입력된다. 그리고 '나는 우울한 사람'이라는 명제를 점점 더 공고하게 만든다. 다시 말해 자신의 경험을 모두 이 명제로 걸러서 우울하지 않은 경험은 머릿속에서 다 빠져나가게 된다.

하지만 우울증 환자라고 해서 모든 면에서 항상 우울한 감정만 느끼겠는가? 가끔 창문을 열 때 스며들어오는 아침 햇살에 살짝 행복하기도 하고, 천진난만하게 뛰노는 아이들을 바라보며 자기도 모르게 미소를 짓지 않겠는가? 어떻게 하면 특정 감정이나 상태에 매몰되지 않고 있는 그대로의 나를 보다 폭넓게 경험할 수 있을까?

'경험하는 자기'와 분리된 '관찰하는 자기'가 목소리를 내면 된다. 예를 들어 우울한 사람은 "나는 우울해"라고 말한다. 그러면 우울해하는 자신을 관찰하는 나는 "내가 우울하다고 생각하고 있구나"라고 말한다. 이렇게 하면 감정에 압도되어 일어나는 과장된 생각에서 벗어날 수 있다. 엄마에게 대들고 집을 나서면서 '나는 이기적이야'라는 죄책감에 시달릴 때 관찰하는 내가 '나는 엄마에게 말대답 한 번만 해도 이렇게 죄책감을 느끼는구나'라고 말하는 소리를 들어주면, 똑같은 경험이라도 어떤 관점에서 바라보느냐에 따라 다양하게 해석될 수 있다는 사실을 알게 된다. '와, 엄마 비위를 맞추지 않았다고 금세 나쁜 아이라고 느끼다니, 엄마는 나에게 절대군주와 같은 존재구나' '나에게는 우리 엄마의 기분이 내 기분보다 중요하구나' 등으로 다양하게 해석할 수 있는 것이다.

이처럼 정서 경험에서 관찰로 관점이 이동하면 정서적 압도 감이 훨씬 약해진다. 그리고 그 경험에 대해 바로 뭔가 처치를 해야만 할 것 같은 긴박감과 그 경험에만 매달리는 강박성도 줄어든다. 경험하는 자기의 절절한 심정을 누구보다 잘 알고 있기 때문에, 왜 그런 경험을 할 수밖에 없는지를 가까이에서 살펴보고 스스로를 토닥여줄 수 있다. 다시 말해 다양한 관점에서 자기 자신을 관찰하고 해석함으로써 자기 자신을 보다 통합적으로 이해할 수 있게 된다.

영국의 소아정신과 의사였던 도널드 위니콧Donald Winnicott 은 심리치료 과정을 '놀이play'라고 했다. 심리치료에는 자기 자신의 변화 과정을 여러 관점에서 바라보는 놀이의 방식이 꼭 필요하기 때문이다. 놀이의 핵심 요소는 '만약 ⋯⋯라면'을 상상해보는 것이다. 아이들이 소꿉놀이를 할 때 엄마가 되어보거나 신데렐라나 백설공주가 되었다고 상상해보는 것은 심리적으로 회복탄력성resilience을 키우는 데 매우 중요한 경험이다. 마찬가지로 성인이 되었지만 유아적으로 고착된 지점에서 심리적 경험을 놀이로 재현할 수 있어야 그 경험에서 자유로워질 수 있다. 그리고 그 경험을 내 인생 전체의 서사에 가장 적절한 이야기로 통합시킬 수 있다. 자기 자신이 얼어붙어 압도된 경험으로 돌아가, 심리적 거리를 두고 '만약 ……라면'이라고 상상하면 자신이 겪고 있는 문제를 다양한 각도로 바라볼 수 있다. 이런 놀이로 재현하는 과정을 거치면 자신의 경험을 보다 풍요롭게 해석하면서 자기 자신이 훨씬 다채롭게 느껴지기 시작할 것이다. 그리고 아마도 자기 자신의 매력을 깨닫고 점점 더 좋아하게 될 것이다.

자연을 위하고 나서야
'나'가 온전해졌다

인간과 자연의 바람직한 인간관계, '생태적 자기'

_ 송태현

여기, 미국 동북부의 한 숲에 있는 호숫가에서 통나무집을 짓고 살아가는 남자가 있다. 그는 하버드대학교를 졸업했으나 안정된 직업을 갖지 않고 밭을 일구면서 아주 적은 돈으로 생계를 유지했다. 이렇게 2년 동안의 기록을 담아낸 책이 오늘날 사랑받는 《월든Walden》이며, 그 남자가 바로 헨리 데이비드 소로Henry David Thoreau다. 겉으로 보면 소로의 삶은 결코 성공했다고 볼 수 없다. 하지만 사람들은 왜 150년이 지난 지금까지도 그의 삶을 우러러보는 것일까? 왜 그의 책에서 매력을 느끼고 위안을 얻는 것일까?

여기서부터는 소로를 비롯해 자연을 탐미했던 작가들을 살펴보고자 한다. 사실 소로뿐 아니라 수많은 사상가, 문학가가 진정한 나를 찾기 위해 자연에서 살거나 자연을 예찬하는 목소리를 높였다. 프랑스 대혁명의 이론적 근거를 마련한 《사회계약론Du contract social》의 저자 장자크 루소Jean-Jacques Rousseau는 자연에 대한 그의 각별한 애정과 예찬을 작품 곳곳에서 드러냈다. 인간중심적 세계관에서 생태중심적 세계관으로 전환해야 한다는 심층생태론deep ecology을 주장한 노르웨이의 철학자 아르네 네스Arne Næss는 어릴 적 산과 했던 약속을 지키기 위해 직장인 오슬로대학교와 해발 2,000미터에 있는 자신의 오두막집을 오가며 생태 문제를 깊이 성찰했다.

이 세 작가들에게서 우리는 '궁극적인 나'를 엿볼 수 있다. 인간은 자연의 일부로서, 자연과 인간은 서로 영향을 끼칠 수밖에 없는 밀접한 관계다. 우리는 이러한 관계를 인식하고 삶의 인식 범위를 넓혀야 한다. 다른 사람에게서, 다른 생명체에게서 우리 자신을 본다면 진정으로 독립된 자기실현이 가능해진다. 이는 환경위기가 심각해지고 있는 21세기에 필요한 삶의 지혜이기도 하다.

당신은
자유인인가,
노예인가?

영국의 시인 존 던John Donne이 쓴 《위급할 때 드리는 기도문
Devotions upon Emergent Occasions》에는 〈누구를 위하여 종은 울리나
For Whom The Bell Tolls〉라는 제목의 시가 실려 있다. 던은 이 시에
서 인간과 타인의 관계, 타인의 죽음 그리고 인류가 하나임을 대
륙과 대양의 이미지를 사용해서 표현한다.

누구든 그 자체로서 온전한 섬은 아니다.
모든 인간은 대륙의 한 조각이며, 대양의 일부이니라.
만일 흙덩이가 바닷물에 씻겨 내려가면,
유럽은 그만큼 작아지며, 만일 모래톱이 그리되어도 마찬가지,
그대의 친구들이나 그대 자신의 영지가 그리되어도 마찬

가지다.

그 누군가의 죽음이라도 나를 감소시킨다.

왜냐하면 나는 인류 속에 포함되어 있기 때문이다.

그러니 누구를 위해 종이 울리는지를 알고자 사람을 보내지
마라.

종은 그대를 위해 울리느니라.

어니스트 헤밍웨이Ernest Hemingway의 유명한 소설 《누구를
위하여 종은 울리나》도 바로 이 시에서 제목을 차용했다. 1936년
부터 1939년까지 벌어진 에스파냐내전 당시 미국에서 자원한
반파시스트군의 활약을 담고 있는 헤밍웨이의 이 소설은 존 던
의 시와 동일한 주제를 전한다.

헤밍웨이가 미국인이지만 특파원 자격으로 에스파냐내전
에 참전한 것은 파시즘의 확산을 저지하기 위한 국제적인 동료
의식 때문이었다. 당시 조지 오웰George Orwell을 비롯해 앙투안
생텍쥐페리Antoine Saint-Exupéry, 파블로 네루다Pablo Neruda 등 많은
작가와 학자가 에스파냐내전에 참전한 이유 역시 마찬가지다.
누군가의 죽음을 알리는 조종弔鐘 소리가 들리면 누가 죽었는지
를 확인하고 싶어지는데, 던과 헤밍웨이의 관점에서 이렇게 알
게 되는 타인의 죽음은 곧 나의 죽음이다. 왜냐하면 온 인류는

자연의 일부로서 하나이기 때문이다.

자연 또는 생태를 생각하면 대표적으로 떠오르는 작가는 장자크 루소와 헨리 데이비드 소로다. 이 두 작가 사이에는 시대적, 공간적 차이가 있다. 루소가 주로 프랑스에서 활동한 18세기 작가라면, 소로는 19세기의 미국 작가다. 그런데 두 사람은 모두 그 조상이 프랑스 위그노로서 가톨릭 국가인 프랑스의 개신교 박해를 피해 외국으로 망명한 이민자다. 루소의 조상은 프랑스에서 제네바로, 소로의 조상은 영국으로 망명한 후 소로의 할아버지 때 미국으로 이주했다. 그래서인지 루소와 소로는 모두 자의식이 강하고 자신의 독창적인 세계를 구축하는 데 많은 관심을 기울였다. 무엇보다 우리가 주목해야 하는 이 두 작가의 가장 큰 공통점이 있다. 바로 두 사람 모두 자연을 사랑하고 작품 속에서 탁월하게 자연을 묘사했다는 사실이다.

모든 것은 자연 안에 있다
•

루소는 거의 고아처럼 불우한 청소년기를 보내다가 고국인 제네바를 떠나 방황하던 중 마침내 프랑스의 샹베리 근처에 있는 레 샤르메트에 정착했다. 학교 교육을 제대로 받지 못했던 루소는 20대 초중반기에 프랑스 알프스 산기슭에 위치한 정원이 딸린 바랑 부인Madame de Warens의 집에서 돌봄을 받으며 정서적으로 안정되고 독학으로 다양한 학문을 연마한다. 훗날 루소가 문학뿐 아니라 정치학, 사회학, 철학, 교육학, 식물학 등 다양한 분야의 발전에 기여한 사상가로 인정받게 된 것은 이 시기에 레 샤르메트에서 진지하게 연구한 영향이 크다. 이곳에서 루소는 아름다운 자연을 만끽하면서 행복한 생활을 누렸고, 그는 이 행복이 지속되기를 소망했다.

　루소는 《고백록Les Confessions》에서 레 샤르메트에서의 삶을 다음과 같이 묘사한다.

　　나는 매일 아침 해가 뜨기 전에 일어나 근처 과수원을 가로질러 매우 아름다운 오르막길로 나선다. 그 길은 포도밭으로 나서 산허리로 샹베리까지 이어져 있다. 그 길을 거닐면서 나는 기도를 드린다. 그저 입술만 움직이는 기도가 아니라 눈 아래 아름답게 펼쳐진 사랑스런 자연의 창조주에게로 향하는, 진정으로 마음속에서 우러나오는 기도다. 방 안에서 기도를 드리고 싶은 적은 한 번도 없었다. 벽과 인간이 만든 자질구레한 것 모두 신과 나 사이로 끼어드는 것처럼 느껴졌기 때문이다. 나는 신이 만드신 창조물 속에서 신을 생각하

기를 좋아한다. 그때 내 마음은 신을 향해 고양된다.[*]

자연은 루소에게 행복의 공간일 뿐 아니라 신을 만날 수 있는 최적의 공간이기도 하다. 그는 자신이 성당에 있을 때보다 자연에 있을 때 신을 진정으로 경배할 마음을 느낀다고 말했다.

루소는 자신의 종교관을 피력한 글인 〈사부아 보좌신부의 신앙고백La profession de foi du vicaire savoyard〉에서 자신의 종교만이 옳다고 주장하는 '오만'과 그로 인해 다른 종교 또는 타 종파를 박해하는 '불관용'을 비판한다. 그러고 나서 자연이라는 '단 한 권의 책'에 주목한다.

> 나는 모든 책을 덮어버렸다. 모든 사람의 눈앞에 펼쳐진 책
> 이 딱 한 권 있는데, 그것은 자연이다. 바로 이 위대하고 숭
> 고한 책에서 나는 그 책을 만드신 신성한 저자를 섬기고 숭
> 배하는 법을 배운다. 누구든 이 책을 읽어야 한다. 이 책은
> 어떤 인간이라도 이해할 수 있는 언어로 쓰여 있다.[**]

---

[*]   Jean-Jacques Rousseau, Les Confessions, Œuvres complètes I, Paris: Gallimard, 1959, p. 236.
[**] Jean-Jacques Rousseau, Emile ou de l'Education, Paris: GF, 1966, p. 401.

루소는 우주 만물을 움직이고 여기에 질서를 부여하는 존재자인 신을 인정한다. 그런데 루소에게 신은 계시를 통해서가 아니라 인간이 자연을 통해 발견하는 존재다. 심지어 무인도에서 태어나 자기 이외에 그 어떤 인간을 만난 적이 없을지라도 이성을 훈련하고 연마한다면, 그 사람은 신을 알고 사랑하고 신이 원하시는 선善을 원하며 이 땅에서 자신이 실행해야 할 의무를 다하는 법을 터득할 것이라고 생각했다.*

루소의 종교관이 '자연에 존재하는 모든 것이 신'이라는 의미의 범신론汎神論, pantheism은 아니다. 루소는 자연 자체가 신이라고 생각하지는 않았다. 그의 종교관은 '모든 것은 신 안에 있다'는 의미의 범재신론汎在神論, panentheism에 가깝다. 루소에게 자연은 신 안에 존재하고 이와 동시에 신은 세상을 초월해 존재한다. 그리고 그 신은 만물의 창조자다.

루소의 신관神觀이 단지 이런 관점이라면 기존의 가톨릭 유신론과 큰 차이가 없을 것이다. 루소는 신을 인정했기 때문에 유신론자임이 분명하다. 그런데 그의 종교는 전통적인 기독교 유신론과는 다른 '자연종교religion naturelle'다. 기독교 유신론이 그 출발점을 성경 또는 신의 계시에 둔다면, 루소는 종교의 출발

---

*   Ibid.

점을 자연 또는 인간의 이성과 마음에 두었다. 다시 말해 대자연을 관찰하면 우주를 운행하고 여기에 질서를 부여하는 의지와 지성을 인정할 수밖에 없다고 주장했다. 자연에서 신을 발견하는 주체는 인간의 이성과 마음인 것이다.

루소의 이러한 신앙관은 〈사부아 보좌신부의 신앙고백〉에 요약되어 있으며, 이 글이 수록된 《에밀Emile》이 출간된 후 소르본대학교 신학부가 이 책을 고발했다. 그 결과 파리 최고법원은 루소에게 유죄판결을 내렸고 그의 책은 불살라졌다. 당시 파리의 대주교인 크리스토프 드 보몽Christophe de Beaumont은 사제들에게 보내는 교서에서, 《에밀》이 기독교의 토대를 파괴하고 있으며 신을 모독하고 교회와 교회의 심부름꾼들에 대한 거짓되고 불쾌하고 악의에 가득 찬 수많은 구절을 담고 있다고 비판했다.*

이어서 루소에게 체포령이 떨어졌고, 이를 사전에 알게 된 루소는 프랑스를 떠나 유럽의 이곳저곳으로 유랑하며 망명 생활을 해야 했다.

---

* 게오르크 홀름스텐 지음, 한미희 옮김, 《루소》, 한길사, 1997, 183쪽.

망명자의 삶과 자연의 위로

•

프랑스를 떠나 망명 생활을 하던 도중에 루소는 오늘날 스위스의 베른주에 있는 비엔호(또는 빌호) 한가운데에 있는 생피에르섬에 머물게 된다. 뒷날 그는 자신의 마지막 저작인 《고독한 산책자의 몽상Les Rêveries du Promeneur solitaire》에서 이 시기에 매우 행복했다고 회상한다. 이 책의 '다섯 번째 산책'에서 루소는 다음과 같이 말한다.

> 내가 살던 모든 장소 가운데 그 어떠한 곳도 비엔호 한가운
> 데 있는 생피에르섬만큼 나를 행복하게 해주지 못했으며,
> 나에게 흐뭇한 애석심을 남겨주지 못했다.[*]

루소가 체포를 피해 도망가다가 이 섬에 머물게 되었다는 점을 기억하자. 그 당시 그는 가톨릭이 지배했던 프랑스 당국뿐 아니라 제네바, 베른주 등 오늘날 스위스에 속하는 개신교 지역에서도 박해를 받았다. 그 때문에 누군가가 끊임없이 자신을 쫓

---

[*] Jean-Jacques Rousseau, Les Rêveries du Promeneur solitaire, Paris: Editions Garnier Frères, 1960, p.61.

아오고 있다는 피해망상에 시달리기까지 했다.

생피에르섬에서 지내기 직전에 루소는 모티에라는 마을(당시 그 일대는 프로이센의 프리드리히대왕이 통치하고 있었다)에 거주했는데, 이곳에서도 그는 안전하게 지낼 수 없었다. 모티에의 목사는 루소를 이단자라고 공격했고 그가 성찬식에 참여하는 것을 금지했다. 목사의 영향을 받는 마을 사람들은 길에서 루소를 만나면 욕설을 퍼붓기도 했다. 루소를 향한 반감이 극심하던 어느 날에는 마을 사람들이 루소가 살던 집으로 몰려가 돌멩이를 마구 던져 그의 집이 온통 채석장처럼 된 적도 있었다.

이 상황에서 루소가 하는 수 없이 모티에를 떠나 간 곳이 바로 생피에르섬이다. 그 섬은 루소에게 낙원과 같았다. 심지어 누군가가 그에게 평생 그 섬에 갇혀 살라는 형벌을 내려주기를 소망하기까지 했다. 이 섬에서 루소는 온전히 자연과 함께하는 삶을 살았다.

《고독한 산책자의 몽상》에서 루소는 비엔호를 다음과 같이 묘사한다.

비엔호의 호반은 제네바호의 호반보다 더 야생적이고 낭만적이다. 바위와 숲이 물가로 뻗어 있기 때문이다. 그렇다고 해서 비엔호의 호반이 더 음산한 것도 아니다. 밭이나 포도밭은 적고 마을이나 집들이 드물지만, 자연 그대로의 초원, 목장, 자그만 숲의 그늘진 안식처가 더 많아서 변화 무쌍하고 경치가 더 실감 있다. 조용한 호반에는 마차가 지나갈 만큼 편리한 큰길이 없기 때문에 이 고장을 찾는 여행자는 적다. 그러나 이 고장은 독수리의 울음소리, 때때로 들려오는 새들의 울음소리 그리고 산으로부터 급류가 흘러내리는 소리 이외에는 소리가 전혀 들리지 않아 고독 속에서 명상하기를 좋아하는 명상가들이 마음껏 자연에 도취되기에 안성맞춤인 곳이다.*

이 인용문에서 루소가 비엔호와 비교하는 제네바호는 루소의 고향에 있는 호수다. 흔히 레만호라 불리는 서유럽에서 가장 큰 호수인데, 제네바에서는 이 호수를 제네바호라 부른다. 루소는 어린 시절 마을에서 이 호수를 내려다보며 몽상에 잠기곤 했으며, 종종 마을에서 호수로 내려가 멱을 감고 뱃놀이를 즐기기도 했다.

프랑스의 과학철학자이자 상상력 철학자인 가스통 바슐라르Gaston Bachelard는 모든 작가에겐 자신이 선호하는 물질 원소가

---

* Ibid., pp.61-62.

있다고 말했다. 바슐라르의 관점에서 보자면, 네 개의 원소(물, 불, 공기, 흙) 가운데 루소가 가장 선호하는 물질 원소는 '물'이다. 루소는 《고백록》에서 자신의 물에 대한 애호를 고백했다.

> 나는 언제나 물에 대한 깊은 애착을 지니고 있었다. 물을 바라보는 것은 그리 뚜렷한 대상이 없어도 나를 감미로운 몽상에 잠기게 한다.*

루소는 《고독한 산책자의 몽상》에서와 마찬가지로 《고백록》에서도 생피에르섬에서 보낸 시간을 마치 낙원에서 보낸 것과 같다고 회상한다. 그는 생피에르섬에서 지내는 동안 아침에 잠을 깨면 언덕에 올라가 신선한 공기를 마시고 비엔호의 수평선과 연안, 산을 바라보며 황홀한 기분에 잠기곤 했다. 오후에는 때때로 작은 배를 타고 호수 한가운데로 나아가 바람 부는 대로 물결치는 대로 배를 내맡기고 한없는 몽상에 잠겼다. 자연은 사람들에게 버림받고 박해받는 루소에게 자신을 보호해주는 어머니와 같은 존재였다.

　　루소는 《고백록》에서 다음과 같이 말한다.

---

*　Jean-Jacques Rousseau, Les Confessions, 1959, p. 416.

3장

오, 자연이여! 오 나의 어머니여, 저는 지금 어머니의 보호 아래 있습니다. 여기서 어머니와 저 사이를 비집고 들어오는 교활하고 간사한 인간은 없습니다.[*]

루소가 생피에르섬에서 경험한 삶은 동아시아의 산수화에서 추구하는 천인합일天人合一, 곧 자연과 인간의 합일에 매우 가까웠다. 산수화에서 인간은 자연과 이원적으로 분리되지 않으며 자연에 동화되어 있다. 《고독한 산책자의 몽상》에서 루소는 생피에르섬에서 자신이 자연에 동화된 경험을 다음과 같이 회상한다.

관조하는 자가 감수성 많은 영혼을 지니고 있으면 조화로부터 솟아난 황홀감에 잠긴다. 그 순간 기분 좋은 깊은 몽상에 관능이 사로잡힌 그는 감미로운 황홀감을 느끼며, 그 광대하고 아름다운 체계에 동화한 자신을 느낀다. 그때 개별적인 대상이 모두 그의 시야를 떠나고 그는 모든 것을 오직 전체 안에서만 보고 또 느낀다.[**]

---

[*]   Ibid., p.418.
[**]   Jean-Jacques Rousseau, Les Rêveries du Promeneur solitaire, 1960,

근대적 자아의 탄생

•

근대문학에서 '근대성'의 핵심 요소는 '자아의 발견과 탐구'다. 그리고 자의식을 토대로 근대적 자아를 탐구하는 작품을 쓴 대표 작가가 바로 루소다. 루소는 근대적 자아 관점에서 매우 중요한 인물이다. 그런 그가 자서전인 《고백록》과 《고독한 산책자의 몽상》을 통해 자아와 자연이 합일된 경지를 보여준다. 그리고 그 모습을 통해 자신의 진실한 모습을 드러내고자 했다. 그 자아란 독자적이고 개체화된 자아를 관찰하는 독특한 주체다.

루소는 그러한 자아를 기록하는 고백 양식을 발전시켰다. 제네바 출신의 탁월한 비평가 장 스타로뱅스키Jean Starobinski가 지적하듯이 "루소야말로 자신을 완전한 한 폭의 초상화로 그려낸 최초이자 유일한 인간이다. 처음으로 인간이 자기 자신을 있는 그대로 그려냈다".* 그리고 문학사가인 귀스타브 랑송Gustave Lanson은 루소의 《고백록》이 본질적으로 자신을 직접적으로 드러내는 낭만주의로 향하는 문을 열었다고 평가한다.**

---

p. 90.

* Jean Starobinski, Jean-Jacques Rousseau: la transparence et l'obstacle, Paris: Gallimard, 1976, p. 224.

** Gustave Lanson, Histoire de la littérature française, Paris: Hachette,

이후 서구 낭만주의 시대에 자아와 개성을 강조하는 문학이 활발하게 창작된다. 가령 영국의 낭만주의 작가인 윌리엄 워즈워스William Wordsworth는 루소와 마찬가지로 개성 있는 자아 형성을 평생 과업으로 추구하면서, 여행을 통해 자아를 탐구하는 '낭만적 탐색romantic quest' 형식의 자전적 성격을 갖춘 《서곡 The Prelude》을 창작했다. 한편 개성을 존중하는 낭만주의 작가들은 제한된 형식에 얽매이는 시나 희곡보다는 자유로운 문학 장르인 소설이 문학의 내적 욕구를 충족시키는 데 적합하다고 판단했다. 그래서 소설을 통해 자아와 감정을 토로하는 사적 소설 roman personnel을 발전시켰다.

이렇듯 근대적 자아 형성에 크게 기여한 루소가 문학에서 '자아와 개성을 강조'하는 동시에 '자아와 자연의 합일'을 추구했다는 사실은 역설적이지만 진실이다. 그리고 루소뿐 아니라 일반적으로 낭만주의 작가에게는 상반되어 보이는 이 두 요소가 공존한다. 그 대표적인 예가 바로 《월든》으로 유명한 헨리 데이비드 소로다.

1988, p.458.

소로, 월든으로 떠나다

•

《월든》에 담겼듯이 소로 역시 루소와 마찬가지로 타인의 기준으로 살 것이 아니라 자신의 기준으로 살아야 한다고 강조하며 독립적이고 주체적인 자아를 추구했다. 그와 동시에 자연과의 합일을 추구하기도 했다.

소로는 타인이 규정하는 나, 타인의 평판에 따라 사는 삶이 아니라, 자신이 중심을 잡고 살아가는 삶을 추구했다. 인간이 사회에서 타인과 함께 살 때면 '있는 그대로의 나'보다는 '타인에게 비치는 나' '타인에 비치기를 바라는 나'에 더 많은 관심을 갖기 마련이다. 그러나 자연에 있을 때 인간은 진정한 자기를 대면할 수 있다. 자연에서 나 자신과 인류의 문화를 비춰볼 수 있기에 자연은 루소와 소로에게 인간이 누구인지 인간의 문화가 무엇인지를 근본적으로 성찰하게 하는 계기를 마련한다.

그런데 소로는 왜 월든으로 갔는가? 그는 《월든》에서 자신이 월든 호숫가에서 생활한 이유를 다음과 같이 밝혔다.

내가 숲속으로 들어간 것은 인생을 의도적으로 살아보기 위해서였으며, 인생의 본질적인 사실들만을 직면해보려는 것이었으며, 인생이 가르치는 바를 내가 배울 수 있는지 알

자연과의
관계가
곧 자기
자신과의 관계

루소와 소로가 자연과의 합일을 추구하긴 했지만, 당시만 해도 오늘날처럼 환경위기를 의식하지는 않았다. 환경이 점차 심각한 위기로 접어들고 있다는 인식은 20세기 중반에 와서야 본격화된다. 제2차 세계대전 이후 세계 인구가 급증하고 경제가 비약적으로 성장하는 상황에서 환경오염과 천연자원 고갈에 대한 경고가 이어졌다.

환경 논의가 본격적으로 시작된 것은 1960년대부터다. 미국의 동물학자이자 작가인 레이철 카슨Rachel Carson이 1962년에 발표한 《침묵의 봄Silent Spring》이 기폭제가 되었다. 전 세계적으로 커다란 반향을 불러일으킨 이 책에서 카슨은 해충을 죽이기 위해 뿌린 DDTdichloro-diphenyl-trichloroethane와 같은 살충제의 위험을 경고했다. 살충제는 공기나 물 또는 흙에 퍼지고 그에 노출된 생명체의 몸속에 점점 농축된다. 그러면 생태계의 먹이사슬을 따라 인간을 포함한 상위 포식자의 몸속에도 쌓인다. 생태계 전체가 치명적인 위험에 처할 수 있는 것이다. 이후 환경문제는 산림과 자연경관을 보존하는 단계를 넘어서, 공장의 작업 현장에서 발생하는 직업병 문제를 해결하고 산업화의 부산물인 공해로 고통받는 생태계를 보호하려는 환경운동으로 발전했다.

《침묵의 봄》이 출간된 이후 1972년에 《성장의 한계: 인류의 위기에 관한 로마클럽 프로젝트 보고서The Limits to Growth: A Report for the Club of Rome's Project on the Predicament of Mankind》, 일명 《로마클럽 보고서》가 발표되면서 다시 한 번 환경문제를 둘러싸고 국제적 관심이 고조되었다. 이 책에 따르면 천연자원의 고갈, 공해로 인한 환경오염, 폭발적인 인구 증가, 급속한 공업화, 군사기술의 발전에 따른 대규모 환경 파괴 등으로 인류에게 위기가 임박해 있다. 또 지금까지 생활해온 방식을 유지할 경우 인류 문명은 존립 기반을 심각하게 위협받을 것이기에, 위기를 극복하기 위해 인류의 성장 방식을 지속 가능한 것으로 전환해야 한다.

《로마클럽 보고서》가 발표된 이후 적잖은 전문가 집단이 에

너지 자원의 고갈, 물과 공기와 땅의 오염, 기후변화와 그 파급효과 등 생태계 위기를 경고했다. 이와 아울러 환경의 중요성을 인식한 민간에서도 다양한 환경보호운동을 전개했다.

그런데 환경을 보존하기 위한 정부의 공공정책 입법화 시도, 환경교육 등은 생태론 중에서도 '환경관리론environment management'으로 분류할 수 있기 때문에 여전히 인간중심주의 대책들이라는 비판이 제기되었다. 생태환경을 개선하려는 가장 큰 동기는 인간이 오염되지 않은 지구에서 행복하게 살고자 하는 열망이며, 그 노력에는 인간이 미래에도 계속 이용하기 위해서 자연을 보호해야 한다는 의식이 전제되어 있다. 환경관리론에 따르면 자연이나 인간 외의 생명체에게는 인간의 생존과 복지를 위한 '도구적 가치'만 있을 뿐이다.

이러한 인간중심주의를 비판하면서 인간중심적 세계관에서 생태중심적 세계관으로 전환할 것을 촉구한 대표 사상이 '심층생태론'이다. 인간의 지나친 자연환경 개발과 간섭이 기후변화 같은 심각한 생태계 위기를 초래하는 상황에서, 그 위기의 밑바탕에 있는 인간중심주의를 비판하고 생태중심주의를 중시한 심층생태론은 노르웨이의 철학자 아르네 네스가 주창했다.

생태적 삶을 실천한 최연소 철학과 교수

•

네스는 매우 독특한 삶을 산 생태철학자다. 오슬로대학교의 학생 시절부터 그를 주목해온 교수가 은퇴하면서 자신의 후임 교수 자리에 지원하라고 강력히 권고했을 때, 네스는 산과 약속이 있다는 터무니없어 보이는 이유를 대며 그 제안을 거절했다. 그러나 그 교수는 일단 지원하고 나서 그 자리를 원하지 않으면 산에서 자유롭게 살아도 된다고 네스를 설득했다. 사실 네스는 열한 살 무렵 노르웨이 중부에 있는 할링스카르베트산에 다녀온 후 그 산의 꼭대기에 사는 꿈을 갖고 있었다. 그리고 스물다섯 살이 되던 해에 해발 2,000미터에 위치한 할링스카르베트산 꼭대기에 작은 오두막집을 짓고 자연과 함께 살고 있던 터였다. 네스는 고심 끝에 스승의 제안을 받아들여 교수 임용에 지원했고, 결국 그는 1939년 스물일곱 살의 나이로 노르웨이 최연소 철학과 정교수가 되었다.

그러면 네스는 할링스카르베트산 꼭대기의 오두막집 생활을 정리했을까? 그는 산과의 약속을 포기하지 않은 채 교수직을 수행했다. 대학교 업무를 화요일 저녁부터 수요일 저녁 식사 전까지로 몰아놓고, 화요일에 산에서 내려가 기차를 타고 오슬로로 가서 교수로서 학과 업무를 처리하고 강의를 한 뒤 수요일 저녁에 다시 기차를 타고 산으로 되돌아오는 방식으로 생활했다. 소로가 2년 2개월 2일을 월든 호숫가 작은 집에 살았다면, 네스는 거의 평생을 할링스카르베트산 꼭대기의 오두막집에 살았다.

네스는 1962년에 출간된 카슨의 《침묵의 봄》을 읽은 후 생태문제를 깊이 성찰하게 되었다. 이후 30년 동안 봉직한 오슬로대학교의 철학과 교수직을 내려놓고 생태철학의 정립과 생태운동에 투신했다. 네스가 《침묵의 봄》과 그 저자인 카슨에 대해 처음 알게 된 것은 책이 출간되고 5년이 지난 1967년의 일이다. 이 시기에 네스는 미국 사막에 있었는데 제자 중 한 명이 카슨의 책을 계기로 최악의 독성물질을 없애기 위한 거대한 운동이 일어나고 있다고 전해줬다. 이후 네스는 그와 관련한 글들을 읽고 자유로운 자연을 보존하고 지구를 구하기 위한 싸움에 동참하게 되었다.

그런데 네스가 이처럼 큰 내적 변화를 경험한 것은 그의 내면이 변화할 준비가 되어 있기에 가능했다. 그는 어린 시절부터 자연을 좋아했고 산을 사랑하는 전문 알피니스트로서 전 세계의 많은 산을 등반했다. 그리고 네스는 거의 네 살 무렵부터 사춘기에 들어설 때까지 자신이 몇 시간, 며칠, 몇 주 동안 바닷가를 거닐면서 바다의 압도적인 다채로움을 발견하고 경탄했음을 고백했다. 무엇보다 산에서 작은 집을 짓고 살면서 인간이 자연과 하나임을 인식하고 있었으며 생태적 삶을 실천해왔다. 그렇기 때문에 카슨의 《침묵의 봄》을 만나고 나서 생태철학 정립과 생태운동에 전적으로 투신하겠다고 각오한 것이다. 카슨의 책은 생태이론에 마음을 쏟고 있던 네스가 그 이론의 정립과 생태운동에 매진하는 데 촉매가 되었을 뿐이다.

네스가 심층생태론이라는 새로운 생태철학을 주창하게 된 사상적 배경에는 바뤼흐 스피노자Baruch Spinoza와 마하트마 간디Mahatma Gandhi 등이 있다. 네스는 철학사를 통틀어 자신에게 가장 큰 영감을 준 사람이 스피노자라고 밝혔다. 그리고 스무 살이 되기 전부터 이 네덜란드 철학자가 자신의 우상이라고 고백했다. 물론 스피노자의 삶 자체가 네스에게 큰 감명을 준 것도 사실이다. 유대인이었던 스피노자는 유대교 교리를 비판했다는 이유로 스물여섯 살에 파문을 당해 유대인과 교제할 수 없었다. 그는 자신의 하숙집 다락방에 은거하면서 안경 렌즈를 깎는 기술을 배워 생계를 유지하는 등 소박하게 살면서 철학을 연구해나갔다. 뒷날 하이델베르크대학교에서 교수로 초빙받았으나, 학문과 사상의 자유를 위해 교수직을 사양하고 안경 렌즈를 깎는 작업을 계속하다가 마흔네 살의 나이에 폐병으로 사망했다.

스피노자는 자연을 '창조하는 자연Natura naturans'과 '창조된 자연Natura naturata'으로 구분한다. 그가 말한 '신은 곧 자연Deus sive Natura'이라는 표현에서의 신은 '창조된 자연'보다 '창조하는 자연'과 더 깊은 관련이 있다. 네스는 스피노자의 신에 대한 관점을 '하나의 신이 모든 곳에 있으며 모든 곳이 하나의 신 안에 있다'고 본 범재신론으로 파악했다.* 네스가 스피노자의 사상에서 특별히 주목한 것은 우리 자신과 우리 자신이 그 일부인 거대한 실재를 전체적으로 파악하는 사유 방식이다.

자연의 모든 존재는 창조하는 자연인 동시에 창조된 자연이다. 인간도 창조된 자연이면서 동시에 창조하는 자연이다. 인간은 세상 그 자체인 신과의 관계에서 자신의 진정한 위치를 파악해야 한다. 네스가 스피노자에게서 이어받은 사상의 요체는 우리는 '모든 생명체가 하나'라는 사실을 깨달아야 하며, 전체는 단일하고 독립된 개체에 의존하고 개체는 전체에 의존한다는 가르침이다.

간디 역시 스피노자와 마찬가지로 모든 생명은 본질적으로 하나라고 생각했다. 간디는 모든 사람에게 서로 간의 차이를 뛰어넘는 일체성이 있다고 믿었다. 간디는 자신의 주위에 보이는

---

* 데이비드 로텐버그 지음, 박준식 옮김, 《생각하는 것이 왜 고통스러운가요?》, 낮은산, 2014, 201쪽.

모든 인류를 자신과 동일하게 여겼다. 네스는 간디의 다음과 같은 말을 인용했다.

> 나는 '아드바이타Advaita(비이원성)'를, 인간이 본질적으로 하나이며 그 점에서 모든 생명이 하나라는 것을 믿는다. 따라서 나는 한 사람이 일정 수준의 영성에 도달하면 그와 함께 온 세상이 그럴 것이며, 그가 실패한다면 온 세상도 그만큼 실패할 것이라 믿는다.*

간디는 인도 사상의 전통에 따라 '좁은 의미의 나'와 '보편적인 나'를 구분한다. 우리가 흔히 "그 사람은 이기주의자야"라고 말할 때 그 사람은 '좁은 의미의 나'로 살아가는 사람이다. 반면에 어떤 사람이 고통받는 타인을 나로, 타인의 고통을 나의 고통으로 생각한다면 그 사람은 '보편적인 나'로 살아가는 것이다. 간디가 추구하는 것도 인도 사상에서 변하지 않고 내밀하며 초월적 자아를 뜻하는 아트만ātman, 곧 '보편적인 나'다. 보편적인 나는 모든 인간뿐 아니라 모든 생명체와 연결된다. 온 인류

---

* Arne Naess, Gandhi and Group Conflict, Universitetsforlaget, 1974; 아르네 네스 외 지음, 이한중 옮김, 《산처럼 생각하라》, 소동, 2014, 30쪽에서 재인용.

와 모든 생명체는 바로 '확대된 나'다. 간디는 자신이 사는 암자에, 심지어 침실에 뱀이나 전갈, 거미가 들어와도 그대로 두었다고 한다. 간디는 인간과 다른 생명체의 공존 가능성을 믿었다. 간디에게는 이미 '생물권 평등주의' 사상이 있었던 것이다.

보편적인 나를 추구한다면 타인을 위한 삶도 궁극적으로는 나를 위한 삶이며, 다른 생명체를 위한 삶도 나를 위한 삶이라는 것을 전제해야 한다. 간디의 비폭력주의는 바로 이러한 아트만 사상과도 관련이 있다. 간디에게 "비폭력의 힘을 기르기 위한 가장 기초 방법은 모든 생명이 본질적으로 하나라는 믿음을 갖는 것"이었다.* 네스는 이러한 간디의 비폭력주의와 자신의 생태론을 연결하면서 생태문제를 해결하기 위해 직접 행동했다.

'인간을 위한 환경'에서 '모두를 위한 환경'으로

●

네스는 1972년 개최된 학술대회에 발표한 논문에서 단순히 오염과 천연자연 고갈을 막고 선진국 주민들의 건강과 풍요를 보존하는 운동을 '표층생태론shallow ecology'이라 규정하고, 이와

----

* 　아르네 네스 외 지음, 같은 책, 29~30쪽.

대비되는 심층적인 생태운동을 주창했다. 생태론 역사에서 매우 급진적인 이론이었다.

스모그를 예로 들어보자. 스모그는 자동차 배기가스나 화력발전소와 공장, 빌딩이나 가정의 난방 기구 등에서 나오는 매연 때문에 발생한다. 그런데 1952년 12월에 영국의 런던에서 스모그 집중현상이 발생해서 5일 동안 약 4,000명, 다음 해 2월까지 총 1만 2,000명이 사망했다. 기온이 내려가면서 연료소비량이 늘어나자 매연 배출량도 급증해 심각한 호흡기 질환을 유발했기 때문이다. 그 후 1956년에 영국은 〈청정대기법Clean Air Act〉을 제정하고, 공공기관과 가정의 난방 연료를 점진적으로 석탄에서 천연가스 등으로 대체하며 스모그 참사에 대응했다. 이 밖에도 20세기 후반부에 들어서면서 대기오염뿐 아니라 수질오염, 토양오염, 해양오염 등으로 인한 피해가 보고되었고, 전 세계에서 환경오염을 심각하게 받아들이기 시작한다.

하지만 대부분 환경오염은 겉으로 드러나지 않고 서서히 진행되기 때문에 사람들의 위기의식과 경각심은 느슨해지기 마련이다. 현실적으로 사람들이 환경오염보다 더 중요하게 생각하는 것은 생존 자체이고, 생존을 위한 직업이며, 그러한 직업을 제공해주는 산업이다. 그래서 오염 때문에 어떤 위험이 발생할지 알면서도 생존을 위해 그 위험을 감내해야 하는 사람이 적지

고 주장한다. 그는 인간이 다른 인간이나 인간 사회와 관계를 맺을 뿐 아니라, 살아 있는 모든 것이 이루는 더 넓은 공동체와 관계를 맺을 때 의미가 있다고 주장한다.

좁은 자기를 벗어나 보편적 자기를 꿈꾸다

네스는 지구에 사는 사람들의 행동과 관련된 지혜를 지칭하기 위해 '생태적 지혜ecosophy'라는 개념을 도입한다. 이 용어는 생태학ecology과 철학philosophy의 합성어로, '생태적 조화 또는 평형의 철학a philosophy of ecological harmony or equilibrium'을 의미한다. 그는 생태적 지혜가 단순히 공해, 자원, 인구 같은 '사실들facts'에만 관련된 것이 아니라 규범, 규칙, 가치의 우선순위를 모두 포함한다고 말한다.* 네스에게 심층생태철학은 바로 이 생태적 지혜다.

네스는 지혜가 과학을 뛰어넘는다고 보고 오늘날 정치가들이나 의사 결정자들에게는 더 많은 과학 정보보다 더 많은 지혜

---

* Arne Naess, "The Shallow and the Deep, Long-Range Ecology Movement", 1995, p.8.

가 필요하다고 주장했다. 과학은 인류에게 물질적 풍요를 위한 기반이다. 그런데 오늘날 인류 사회에 실질적으로 필요한 것은 인간의 기쁨과 행복이며, 이러한 가치들을 충족시키는 데는 과학보다 지혜가 큰 역할을 할 수 있다. 그리고 생태적 지혜는 인간이 다른 인간뿐 아니라 다른 생명체와도 긴밀하게 연결되어 살고 있다는 것과 더불어, 그 속에서 인간이 과연 누구이고 인간에게는 어떤 의무가 있는지를 알려줄 수 있다.

네스의 견해에 따르면 생태적 지혜자ecosopher는 "보살핌, 존경심, 책임감, 앎"의 관념을 살아 있는 모든 것에 적용하는 사람이다.* 다시 말해 지구상에 있는 인간과 인간 외의 모든 생명체를 존경하고 돌보며, 모든 생명체가 서로 긴밀하게 연결되어 있음을 깨달은 사람이다. 그리고 모든 생명체의 안녕과 번영을 위해 책임감을 갖고 필요한 변화를 일으키기 위해 행동하는 사람이다.

네스는 분석심리학자 카를 구스타프 융Carl Gustav Jung과 마찬가지로 자기self와 자아ego를 구분한다. 네스에게 '자아'가 '좁은 자기narrow self'라면, '넓은 자기wider Self'는 인도 사상의 '아트만'

---

* Arne Naess, "Self-realization. An Ecological Approach to Being in the World", 1995, p. 25.

에 가까운 개념으로서, 나 자신뿐 아니라 타인과 인간 외의 생명체가 포함되어 있는 '궁극적 또는 보편적 자기supreme or universal Self'다.* 서구에서는 데카르트 이래 인간 또는 인간 정신과 외부 세계를 본질적으로 분리하는 이원론으로 세상을 봤다. 네스는 이러한 이원론을 버리고 좁은 자기에서 벗어나 더 큰 자기인 보편적 자기를 향해 시야를 넓히라고 권고한다. 이 보편적 자기는 "지구상의 모든 생명 형태를 모두 포함"** 한다.

그리고 네스는 융의 '자기실현self realization, Self realization'*** 이란 개념도 사용한다. 네스에게 자기실현은 자기 존재의 잠재성을 완성시키는 것으로서, 자기실현을 심화하면 자기를 더 넓고 깊은 존재로 만들 수 있다. '나'는 타인을 포함하는 동일화를 통해 좁은 자기를 넘어 더 큰 자기실현에 도달하며, 결국 모든 인류가 하나임을 확인하는 단계에 이른다. 이 단계에 이르면 우

---

*   Ibid., p. 22.
**   Arne Naess, "The Deep Ecological Movement. Some Philosophical Aspects", George Sessions ed., Deep Ecology for the Twenty-First Century: Readings on the Philosophy and Practice of the New Environmentalism, Boston & London: Shambhala, 1995, p. 80.
***   네스는 "Self-realization. An Ecological Approach to Being in the World" 에서 self realization으로 표기했는데, 다른 글인 "The Deep Ecological Movement. Some Philosophical Aspects"에서는 Self realization으로 표기한다. 이후 심층생태론에서는 주로 Self realization을 사용한다.

리는 타인에게서 우리 자신을 보게 된다. 타인의 자기실현이 방해를 받으면 우리 자신의 자기실현도 방해를 받는다. 따라서 우리는 우리뿐 아니라 타인도 살 수 있도록 해야 한다. 그런데 네스의 자기는 온 인류를 넘어 동식물과 지구 전체를 아우르는 모든 자연적 존재로까지 확대된다. 이 모든 존재를 나를 존중하듯이 대하는 것이 네스가 추구하는 자기실현이다.

정리하자면 네스는 모든 생물이 밀접하게 상호 연결되고 이에 따른 동일화를 통해 생태적으로 '참다운 나'에 이른다고 본다. 그리고 이렇게 도달한 보편적인 자기는 자유로운 자연을 보호하는 것이 곧 우리 자신을 보호하는 것이라고 여기게 된다고 말한다. 자연히 환경윤리를 따라 행동하게 되는 것이다.* 네스에 따르면 "생태적 자기가 실재를 경험하면 우리의 행동은 환경윤리의 엄격한 규범을 자연스럽고 아름답게 따르기 마련"**이다.

---

* Arne Naess, "The Deep Ecological Movement, Some Philosophical Aspects", p. 29, p. 38.
** Ibid., p. 26.

질 배출의 비중이 크다.

　네스가 노르웨이 최북단에 수력발전소 짓기를 반대한 것은 댐이나 수력발전소 자체를 반대하기 때문은 아니었다. 그는 노르웨이 사람들과 정책 결정자들이 근본적인 문제가 무엇인지 성찰하기를 원했다. 사람들은 더 많은 전력이 필요하기에 새로운 발전소를 건설해야 한다고 주장했지만 당시 노르웨이는 1인당 전력소비량이 미국보다 더 많았다. 네스는 노르웨이 사람들의 의식과 생활방식을 바꿔 에너지를 더 적게 사용하는 것이 새로운 발전소 건설보다 선행되어야 한다고 보았다.

모두를 위한 삶이 곧 자기를 위한 삶

·

　네스가 추구하는 나는 좁은 자기를 넘어선 보편적 자기다. 다시 말해 네스는 온 인류와 생명체를 나와 동일시하고자 한다. 네스가 추구하는 자기실현도 '궁극적, 근본적으로 모든 생명은 하나'임을 깨닫고 나를 모든 생명체와 동일시해서 함께 살아가는 것이다. 타인을 위한 삶, 다른 생명체를 위한 삶, 온 인류와 온 생명체를 위한 삶은 궁극적으로 자기를 위한 삶이며 자기실현을 위한 삶이다.

네스의 '생태적 자기'는 20세기 생태위기에 대한 응답으로 탄생한 개념이다. 하지만 고대의 지혜를 현대로 끌어들여 시대적인 문제의식에서 발전시킨 개념이기도 하다. 고대 인도의《우파니샤드Upanisad》에서 말하는 범아여일梵我如一, 즉 내 속에 우주의 근본인 브라만Brahman이 있고 그것이 바로 아트만이며, 아트만은 브라만과 하나임을 깨닫는 것이 가장 높은 단계의 깨달음이라는 것을 전제한다. 간디는 이 사상을 자신의 삶에서 구현했고, 융은 현대 심리학에서 자기 개념으로 계승하고 발전시켰다. 네스의 생태적 자기도 이러한 사상의 연장선에 있다.

서양의 근대에서 '개인의 발견'이 지니는 의의는 분명하다. 한 인간을 국가 또는 교회라는 전체 속에 함몰시킬 때 존엄성 있는 주체로서 개인의 가치를 강조한 것은 매우 중요하다. 이것이 서양문화사에서 소중한 유산임은 부인할 수 없다. 다만 오늘날에는 과도한 개인주의가 인간을 이기적으로 만들고 사회와의 연대를 약화시킨다. 이 상황에서 공공정신의 회복과 공공철학이 중요하게 부상한 것은 자연스러운 현상이며 사상적으로 의미가 있다.

우리는 현재 네스가 경험한 것보다 더 심각한 생태론적 위기와 마주하고 있다. 기후변화 때문에 발생하는 가뭄과 산불, 홍수와 태풍 또는 허리케인 등이 갈수록 심각해지고 있다. 아시아와 아프리카의 많은 지역에서 사막화가 진행되고 아마존 산불, 호주 산불, 미국 산불 등 대형 산불이 지속적으로 발생하면서 대지가 황폐해졌다. 그리고 인간이 환경을 파괴한 결과는 코로나19의 창궐로 이어졌다. 특히 2022년 여름에는 코로나19를 극복하지 못한 상황에서 지구의 많은 생명체가 폭염으로 고통받았다. 생태위기 시대에 개인의 존엄, 온 인류와 온 생명체를 존중하면서 더 많은 사람의 공감과 동의를 받는 새로운 나와 생태철학이 창시되기를 간절히 기대한다.

밖에서 바라보아야
'나'가 객관적으로 보인다

가깝고도 먼 일본과의 비교를 통해 엿보는
'한국인으로서의 나'

_ 송영빈 _

한국에서 8년 동안 한국 철학을 공부하고 서울대학교 대학원에서 박사학위를 딴 오구라 기조小倉紀藏는 자신의 저서 《한국은 하나의 철학이다韓國は一個の哲學である》에서, 현대를 살아가는 한국인이 얼마나 유교적으로 생각하고 행동하는가를 기술한다. 또 끊임없는 상승 욕구, 도덕 지향성 등이 유교에서 생겨나 한국인의 일상을 지배하고 있다고 분석한다. 유교가 일상에 스며들지 않은 일본인의 눈에는 한국사회에 유교에서 추구하는 선善을 향한 에너지가 가득하다고 보는 것이다.

한국인이지만 오랫동안 외국 생활을 했던 사회학자 정수복의 《한국인의 문화적 문법》도 한국인의 모습을 객관적으로 바라보게 하는 좋은 책이다. 그는 한국인의 특징을 근본적인 것과 파생적인 것으로 나누어 설명한다. 근본적인 특징으로는 현세적 물질주의, 감정우선주의, 가족주의, 연고주의, 권위주의, 갈등회피주의를 든다. 파생적인 특징으로는 감상적 민족주의, 국가중심주의, 속도지상주의, 근거 없는 낙관주의, 수단·방법 중심주의, 이중규범주의를 제시한다. 이 책이 처음 출간된 시점이 2007년이기는 하지만, 여전히 한국인의 정체성을 규정할 만한 핵심 내용을 담고 있다.

10년 전쯤부터 나는 학부에서 한국과 일본의 문화 비교 수업을 하고 있다. 내가 한국인과 일본인의 차이를 수업의 주제로 정한 이유는 어린 시절과 유학 생활을 일본에서 보내면서 언젠가는 한국과 일본, 한국인과 일본인이 왜 이렇게 다른가에 대해 본격적으로 탐구하고 싶었기 때문이다. 흔히들 일본을 멀고도 가까운 나라라고 하지만, 왜 먼지 왜 가까운지 얼마나 멀고 얼마나 가까운지에 대한 질문에 구체적으로 대답할 수 있는 사람은 많지 않다. 지리상으로 가깝고 한국인과 일본인의 외모는 거의 구분하기 어렵고, 특히 외국에 나가 살다 보면 정서적으로도 무척 비슷하다고 느끼게 되는 것도 사실이다. 그러면 왜 멀다고 느끼는 것인가? 이 질문에 대해 조금 더 깊이 이야기하려는 것이 이 글의 목적이다.

약 10년 가까이 이어지고 있는 내 수업에서 한국인과 일본인 학생 모두 서로가 갖고 있는 정체성에 대해 생각지도 못했던 점을 발견하는 순간이 있다. 특히 서로 비슷하다고 생각했던 점에서 차이를 발견할수록 학생 모두 다른 나라의 사람들이 한 교실에 모여 있음을 실감한다. 더 나아가 자기 자신이 낯설어진다. '이렇게 내가 한국사회의 틀 안에서 움직이는 사람이었는가?' '내가 이토록 일본 사회제도에 순응하는 사람이었는가?'

한국인인 나는 이제 예순이 넘었다. 그럼에도 수업을 통해 끊임없이 배우고 깨닫고 변화하는 내 모습에 놀라움과 즐거움을 느끼고 있다. 어쩌면 인생이란 배우고 공감하며 서로 다른 사람들과 가까이 다가가는 것이 아닐까? 여러분도 가깝지만 먼 일본과의 비교를 통해 한국인으로서의 '나'에 대해 생각지도 못했던 점을 발견하길 바란다.

당신이 생각하는
'나'와
'한국인으로서의 나'는
같을까?

일본인 유학생이 한국에서 겪는 어려움 중에 '간섭'이 있다. 일본에서는 외국인으로 보이는 사람이 일본어를 조금 하면 잘한다고 다들 칭찬한다. 아무리 서툴러도 발음이나 표현을 고쳐주는 일은 거의 없다. 그래서 한국인은 일본어를 비교적 짧은 기간에 잘하게 되지만 어느 수준에 도달하면 더 이상 늘지를 않는다. 알려주는 현지인이 없기 때문이다. 그런데 한국에서는 외국인이 한국어를 잘해도 친해지면 "이 발음은 이렇게 해야 한다"라고 바로잡아준다. 남의 능력에 대해서는 좀처럼 평가하지 않는 일본인이 이런 말을 들으면 마음에 상처를 입는다.

'간섭'의 예는 또 있다. 한국인과 친구가 되면 친구의 어머니는 물론 할머니가 자신의 진로부터 결혼까지 걱정해준다는 이야기를 일본인 학생에게 자주 듣는다. 이것이 한국인이 말하는 '정'이라는 건데, 일본인은 내색은 잘 안 하지만 이를 간섭으로 받아들여서 부담스러워한다. 왜 자신의 일이 그렇게까지 친구네 온 집안 식구들의 관심사가 되어야 하는지 이해하기 어렵다고 수업에서 털어놓으면 주위의 일본인 학생들은 격하게 공감한다.

나라마다 다른 심리적 경계선

•

심리적 경계선psychological boundary, 즉 친밀한 집단으로 인식하는 범위는 문화인류학과 언어학은 물론 다양한 학문 분야의 중요한 주제 중 하나다. 인간관계에서 허용될 수 있는 다양한 태도 양식과 표현이 이 심리적 경계선에 따라 달라지기 때문이다.

뒤에 나오는 그림은 한국인과 일본인의 인간관계 인식의 차이를 요약한 것이다. *

한국인의 심리적 경계선에는 '나'를 포함한 '우리'라는 영역

---

* 왼쪽 그림은 厳廷美, 〈日本人と韓国人の言語行動における「ウチ、ソト、ヨソ」と「ウリ」「ナム」: 主に敬語行動を例に〉《言語と文化》15, 関西学院大学リポジトリ, 2012, pp.32-35. 오른쪽 그림은 三宅和子, 《日本人の対人関係把握と配慮言語行動》, ひつじ書房, 2011, p.61.

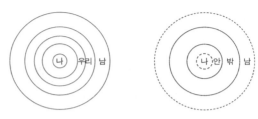

한국인(왼쪽)과 일본인(오른쪽)의 심리적 경계선

이 있다. 반면 일본인은 한국인에게서는 흔히 볼 수 없는 '안'과 '밖'이 인간관계에 중요한 요소다. 여기서 말하는 '안'은 나를 중심으로 가족 같은 친밀한 혈연관계나 직장 또는 조직에서 일상적으로 만나는 인간관계다. 한국인이라면 일반적으로 이 부분을 '우리 식구' '우리 남편' '우리 직원'과 같이 '우리'라고 인식하는데, 일본에서는 그런 인식이 상대적으로 약하다.

한국인의 인간관계는 '우리'가 몇 개의 실선으로 그려져 있다. 이는 '우리'로 분류되는 집단이나 인간관계가 가족, 직장, 지역을 넘어 국가까지도 확장된다는 뜻이다. '우리'가 확장되는 범위는 사람마다 다르기 때문에 심리적 경계선의 중심에 '나＝자아'가 확실하게 자리 잡고 있다. '우리'의 범위는 기본적으로 자신의 생각과 의견에 따라 규정되는 것이다.

반면 일본인의 '나'와 '안' 사이가 점선으로 그려진 이유는, '나'는 '안'에 속하는 사람들을 항상 의식하며 살기 때문이다.

또 일본인은 대개 '나'를 중심으로 '안'과 '밖'을 명확하게 구분한다. 한국어에서는 '아버님' '사장님' '선생님'처럼 연장자나 상위자에 대해서 '밖'에 속하는 사람은 물론 일본이라면 '안'에 속했을 사람에게도 '-님'을 붙인다. 반면 일본어에서는 듣는 사람이 '안'에 속하는 사람인지 '밖'에 속하는 사람인지에 따라 부르는 사람의 호칭이 달라진다. 만약 회사에 걸려온 전화에서 자기 회사 사장(안)인 '다나카'(안)를 거래처 사람(밖)이 찾을 경우, "다나카는 지금 외출 중입니다"처럼 '사장님' 호칭을 붙이지 않고 성으로만 부른다. 한국에서는 이렇게 응대하면 무례한 사원이나 아주 이상한 사람으로 취급받는다.

'남'을 어떻게 인식하는가도 다르다. 한국에서는 "우리가 남이가"라는 말이 있을 정도로 가깝다고 생각한 사람들에게 남으로 분류되면 서운함을 느낀다. 한국인은 '남'에 대해서는 거의 신경 쓰지 않기 때문이다. 거리에서 모르는 사람들이 언성을 높이며 다투는 모습을 보더라도 눈에 거슬리기는 하지만 나서서 말리지 않는다. 같은 아파트에 사는 사람들끼리도 잘 인사하지 않는다. '남'이라고 생각하는 사람과 부딪히면 사과하지 않고 오히려 짜증을 내거나 심지어 화를 내는 사람도 있다. 자신과는 아무런 관련도 없고 다시는 안 볼 '남'이기 때문이다. 이처럼 '남'을 의식하지 않는 점은 집안에서만 입을 것 같은 편안한 옷차림에 슬리퍼를 신은 채로 학교나 편의점을 아무렇지 않게 오가는 모습에서도 관찰된다. 한국인의 예의는 '아는 집단 안'에서만 적용되기 때문에 예의를 갖출 필요도 시선을 의식할 필요도 없는 것이다.

심지어 한국에서는 공중도덕을 지키지 않는 모습도 자주 볼 수 있다. 지하철 문이 열리자마자 앞에 줄 서 있던 사람마저 제치고 뛰어들어가 자리에 앉거나, 횡단보도나 인도에서 우측 통행을 지키지 않는다. 공원에서도 비키라는 듯 종을 울려대는 통에 산책 기분을 망치는 경우도 자주 있다. 언젠가 학교 동료에게 이런 이야기를 했더니 농담 삼아 한 소리지만 동요 〈자전거〉를 모르냐는 대답이 돌아왔다.

따르릉 따르릉 비켜 나셔요
자전거가 나갑니다 따르르르릉
저기 가는 저 노인 조심하셔요
어물어물 하다가는 큰일납니다

이 노래가 만들어진 것은 1933년이라고 한다. 지금은 누구나 구매할 수 있을 정도로 가격이 싼 자전거도 있지만, 이 노래가 나올 당시에는 자전거 가격이 지금의 자동차 가격과 비슷한 수준이 아니었을까. 또한 당시에는 자동차가 매우 적었기 때문에 이 정도의 속도를 내는 기계라면 당연히 피해야 한다고 생각했을지 모른다.

그런데 자동차와 자전거 보급 상황이 비슷했을 일본에서는 현저히 다른 모습을 보인다. 대부분 자전거 이용 예절을 잘 지킨다. 횡단보도에서는 내려서 끌고 가고 밤에는 전조등을 켜는 모습이 자주 관찰된다. 일본인은 공중도덕을 잘 지킨다고 알려져 있다. 지하철이나, 횡단보도에서 지켜야 할 예절을 지키지 않는 한국과는 다르다. 게다가 일본에서는 신호등이 없는 횡단보도에서 무조건 차가 멈춘다. 차량 통행이 없는 곳이지만 보행자 신호를 기다리는 사람들도 있다.

일본인들은 집 밖에는 자신을 보는 눈이 있기 때문에 남의 시선을 의식하며 부끄러운 행동을 하거나 남에게 폐를 끼치면 안 된다는 공중도덕 교육을 어려서부터 철저하게 받고 이를 실천한다. 또 일본에서 지하철이나 기차를 타면 반드시 공공장소에서 지켜야 할 에티켓을 안내하는 방송을 듣게 된다. 한국에서도 비슷한 방송을 들을 수 있지만 그 내용의 세세함과 꼼꼼함은 비교할 수 없다.

여기에는 한국인과는 다른 일본인의 '남'을 인식하는 방식이 영향을 끼친 것으로 보인다. 일본인의 '남'은 세상의 눈과 연결되며 일본인은 집 밖으로 나가면 나를 바라보는 시선이 있다고 생각한다. 그렇기에 항상 누군가를 의식하면서 말하고 행동한다. 아무리 가까운 동네 편의점을 갈 때도 그곳에는 나를 보는 누군가의 시선이 있기에 옷을 제대로 갖추어 입는다. 심지어 '남' 역시 항상 감시의 대상이다. 심리적 경계선에서 '남' 바깥선이 점선으로 표시된 것은 산신山神이 인간을 지켜보고 있다는 일본의 신앙과도 연결된다. 정리하자면 일본인에게 자신이 마음 편히 있고 넘나들 수 있는 관계의 영역은 한국인보다 좁다고 할 수 있다.

공중도덕을 스스로 지키느냐의 문제를 넘어서 공중도덕을 지키지 않는 사람을 대하는 방식도 다르다. 한국사회에서는 모르는 사람이라도 공중도덕을 지키지 않는 사람에게 주의를 주는 경우가 있다. 간혹 반발하는 사람도 있겠지만 대부분 겸연쩍어하며 별말 없이 잘 따른다. 일본인이 '간섭'으로 느끼는 것이라도 '도덕적 선' 또는 '공익'이라는 명분이 확실하면 당당하게 주장하는 게 한국인이다. 공중도덕뿐 아니라 정치, 사회, 문화 문제도 마찬가지다.

맛집 소개 방송을 비교해보면 이러한 차이를 알 수 있다. 일본의 방송에서는 손님의 반응이 나오는 경우가 거의 없는데, 한국의 방송에는 손님들의 반응이 반드시 등장한다. 인터넷 뉴스

기사를 평가하는 방법을 비교해도 차이가 있다. 한국은 '좋아요' '기대해요' '놀랐어요' '슬퍼요' 등 감정을 나타내는 이모티콘으로 기사를 평가한다면, 일본은 '배움이 있다' '알기 쉽다' '새로운 관점' 등 정보의 가치 측면에서 평가한다. 이것은 한국인이 감정을 자주 표현한다는 특성을 넘어 감정적인 영역까지 공동체적 관점에서 생각한다는 것을 알 수 있다. 한국은 '감정공동체'인 것이다.

이렇게 일본인과 한국인의 다른 심리적 경계선은 어떻게 형성되었을까? 그 과정에는 수많은 요인이 있겠지만 역사적인 배경부터 살펴보자.

심리적 경계선이 다른 역사적 이유

•

한국의 지역갈등도 극심한 점을 고려하면 한국에서의 지역인식도 강한 편인 것 같지만, 일본의 지역과 한국의 지역은 그 의미가 다르다. 18세기 중반 산업혁명으로 힘을 키운 서구열강이 식민지 지배에 열을 올리기 시작했다. 그러자 이에 위기감을 느낀 일본이 경제발전과 부국강병을 외치며 중앙집권제의 길을 선택한 1871년 이전까지 일본은 약 300개에 가까운 번藩이라는 독립된 지역으로 분리되어 있었다. 번의 중심에는 다이묘大名가 있었고, 다이묘가 사는 성을 중심으로 수공업자와 상인, 농민이 경제단위를 이뤘다. 당시 무신정권의 수장이었던 쇼군將軍은 각 번에 대한 세금징수권이 없었다. 또 번마다 검문소가 있었고 지금의 여권 같은 통행증 없이는 다른 번으로 갈 수도 없었다. 제주도에서 나는 귤의 수확량까지 철저하게 관리하던 중앙집권제 조선과는 전혀 달랐다. 오히려 서양의 봉건사회와 비슷했다.

지금도 이러한 역사적 영향력이 남아 있다. 일상에서 일본인 학생들이 드러내는 지역에 대한 자부심과 애착은 대단하다. 예를 들어 소고기는 어디가 유명한지 물어보면 각 지역은 물론 같은 현県(한국의 도에 해당)끼리도 고베산, 아와지산(모두 효고현) 등 서로 자기 지역 소고기가 최고라고 대답한다. 좀처럼 자기주장을 하지 않는 평소의 모습과는 다르다. 한국에서 자신의 출신지 특산품을 자랑하는 사람이 얼마나 있을까? 그뿐 아니라 일본은 정치적으로 시의원 선거에서 지역정당이 압승하는 경우도 있을 정도로 지역정당이 활발하게 활동하는 편이다. 정당법에 따라 사실상 지역정당 설립을 금지하고 있는 한국과 비교될 정도다. 이러한 일본의 모습은 역사적으로 몇몇 왕국들이 통일되어 국가를 이룬 독일에서도 지역정당이 활발하게 활동하는 것과 유사하다.

지방분권사회인 일본과 다르게 강력한 중앙집권사회였던 한국은 국가주의적 성향이 강하다. 대표적인 예가 초등학교 교과목 중 하나인 '국어國語'다. 전 세계 언어 중에서 스스로의 언어를 국어라고 부르는 경우는 매우 드물다. 영어, 프랑스어, 독일어가 한국어와 달리 근대적 의미의 국가라는 개념이 탄생하기 훨씬 전에 만들어졌기 때문이기도 하다. 그러나 언어는 대개 국가의 주권이 미치지 않는 곳에서도 쓰인다. 영어나 프랑스어를 쓰는 사람들이 자신들의 언어를 '국어'라고 말할 수 있을까? 그런데도 여전히 한국사회에서는 '국어'나 '표준어'라는 용어를 비판하는 의견이 일부 있지만 이를 바꾸려는 움직임은 거의 없다. 국립국어원에서 1998년에 편찬한 사전 이름은 여전히 《표준국어대사전》이다.

일본의 경우, '국어'라는 용어를 누가 만들었는가에 대해서는 여러 설이 있지만 문헌으로 처음 발견되는 것은 미야케 요네키치三宅米吉가 1885년에 쓴 《방언취조중간方言取調仲間》이다. * 하지만 정작 일본에서는 '국어'라는 말을 점차 쓰지 말아야 한다는

---

* 　安田敏朗, 〈日本語論のなかのアジア像〉, 西川長夫·渡辺公三 編, 《世紀転換期の国際秩序と国民文化の形成》, 柏書房 285-301, 1999. 02., http://www.ritsumei.ac.jp/acd/re/k-rsc/lcs/kiyou/9-5.6/RitsIILCS_9.5.6pp.63-76YASUDA.pdf

의견이 많다. 일본어 연구 분야에서 가장 규모가 큰 '국어학회'가 2004년에 창립 60주년을 맞아 '일본어학회'로 명칭을 변경했다. 메이지시대에 국수주의 학자들이 '국가의 언어', 즉 국어 이데올로기를 제창하면서 일본어 근대화를 주장한 많은 사람을 군부가 탄압했는데, 이런 역사적 아픔을 씻어내기 위해서였다. 또 세계화가 진전되면서 일본어를 객관적으로 바라보기 위해서는 세계의 다양한 언어 중 하나로 생각할 필요가 있다는 점에 학회 회원들이 동의했기 때문이다.

'표준어'라는 용어 역시 일본에서는 1945년 패전 이후 민주화 분위기 속에서 1949년에 '공통어'라고 바꾸었다.* 엄밀히 말하면 일본의 '표준어'에는 메이지시대 국가 이데올로기를 고취하기 위해 국가가 사용하도록 강제한 말이라는 의미가 있다. 이 때문에 표준어 보급 정책은 당시부터 각 번에서 쓰는 말을 무시하고 국가가 만들어 억지로 보급한 정책이라는 비판을 받았다.

문자가 반포된 날을 기리기 위해 '한글날'도 제정한 나라에서 일본 문부성이나 역사적으로 일본어 연구를 하는 기관, 보수 학자들만 쓰는 구시대의 유물인 '국어'라는 용어를 비판 없이

---

* 이연숙 지음, 고영진·임경화 옮김, 《국어라는 사상》, 소명출판, 2006, 262쪽.

4장

그대로 쓰고 있으니 이상한 일이다. 어쩌면 우리는 중앙집권적이고 국가중심적인 이데올로기가 당연해서 이 말에 의문을 갖지 않는 것인지도 모른다.

한국은 틀림없는 중앙 중심의 나라

●

다음 그림*은 미국인의 심리적 경계선을 그린 것이다. '나'는 자신의 생각을 좀처럼 타인에게 이야기하지 않는다는 특징이 있어서 굵은 선으로 표시되어 있다. '안' '밖' '남'은 일본인처럼 명확히 구별하지 않기 때문에 점선으로 표시되어 있다. 거리에서 모르는 사람과 마주쳐도 인사를 하거나, 처음 만난 사람과도 이름을 부르는 친밀한 관계가 되려고 한다는 점으로도 이런 경향은 쉽게 확인할 수 있다. 인간관계의 측면에서 보면 한국인은 일본인보다 미국인에 가깝다는 생각도 하게 된다.

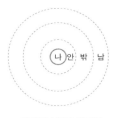

미국인의 심리적 경계선

* 三宅和子, 앞의 책, pp.61-63.

다만 한국인의 '우리'는 미국인의 개인과 개인의 만남보다 세분화되고 중층적인 집단을 만든다는 점에서 차이가 있다. 한국인의 '우리'는 무한히 확장할 수 있으며 그 정점에는 국가와 민족이 있다. 이제 민족이라는 말은 극복해야 할 대상이기 때문에 잘 쓰지 않지만 여전히 국가는 한국인에게 유효하다. "이게 나라냐!"라는 구호가 나오는 것도, '국뽕'과 'K-' 접두사가 유행하는 것도 그 예다.

일본인들은 한국어에서 '우리'라는 단어가 지칭하는 범위가 어디까지인지 도통 모르겠다고 한다. 왜 '우리 집' '우리 가족' '우리 남편' '우리 학교' '우리나라'라는 표현을 자주 쓰는지 이해할 수 없다고 한다. 미술관이나 박물관에 가면 다양한 언어로 제공되는 안내서에도 '한국어'가 아니라 '우리말'이라고 표기하는 것에 의아해한다. 나도 KTX를 타면 안내 방송에서 왜 '우리 열차'라고 하는지 아무리 생각해도 이유를 알 수 없어서 늘 궁금했다. 내가 한국철도공사 주주도 아니고 기관사나 승무원과 아는 사이도 아니고 어쩌다 그날 그 시간에 출발하는 열차를 탄 것뿐인데 말이다. 기관사와 승무원을 포함한 직원을 대표해서 안내 방송을 하는 것이라고 생각할 수도 있다. 아니면 내가 손님이라기보다는 그 기차와 운명을 함께해야 하는 구성원 중 한 명이라고 생각하면 약간의 공포도 느끼게 된다.

이른바 'SKY'라 불리는 한국의 명문대학교들은 서울에 모여 있다. 반면 일본의 명문대학교는 홋카이도, 도호쿠, 도쿄, 나고야, 교토, 오사카, 큐슈 대학교이며 모두 저마다의 특성을 갖고 각 지역에 분산되어 있다. 실제로 2002년 도호쿠대학교 출신이 노벨 화학상을 수상했을 때 한국 신문에서는 "지방대학 출신이 노벨상을 수상했다"라고 보도한 적이 있다. 한국인의 눈으로 일본사회를 바라보고 잘못 평가한 꼴이다. 그래서일까. 일본인의 '집단주의'가 강하다고 평가하는데, 정작 한국을 조금이라도 경험한 일본인들은 그러한 평가를 받는 것을 무척 억울해한다. 오히려 한국이 더 중앙 중심의 집단주의적이라고.

중앙 중심의
'나'를 넘어
유연한 '나'로

한국인은 출생신고를 하자마자 주민등록번호를 부여받는다. 만 17세가 되면 의무적으로 주민등록증을 발급받게 법으로 정해져 있다. 이를 지키지 않으면 〈주민등록법〉 제40조 제3항에 따라 5만 원 이하의 과태료를 내야 한다. 나는 고등학교 때 주민등록증을 발급받으러 당시 동사무소, 그 이전에는 '동회', 지금은 '주민센터(행정복지센터)'로 불리는 곳에 가서 열 손가락 지문을 찍었다. 노란색 주민등록 대장에 내 지문이 잘 찍히도록 요리조리 요령 있게 손가락을 돌리던 직원이 지금도 선명하게 기억난다. 긴장해서 내가 손에 힘을 주었는지 힘을 빼라는 말에 묘하게도 국가가 나를 통제하고 있다는 생각을 했다. 내 의사와는 상관없이 '남'이 내 손을 그렇게 만진 적도 처음이기에 더욱 그

랬던 것 같다. 이제는 '공익근무요원'으로 바뀐 '방위병'들의 무뚝뚝한 표정, 하얀 벽에 붙어 있는 유난히 근엄한 표정의 박정희 대통령 사진과 표어, 태극기가 나를 더 옥죄는 느낌이 들었다. 아무튼 그날 찍힌 내 엄지손가락 지문을 보며 지문이 그렇게 넓게 찍힐 수 있다는 게 신기하기도 했다. 그 덕에 이제는 지문과 여권을 기계에 인식만 시키면 출입국 수속이 끝나는 홀가분함을 누리고 있다. 하지만 다른 나라 사람들에게는 이 주민등록이 굉장히 생소한 제도다.

일본의 주민등록증, 마이넘버카드

•

우리의 주민등록증에 해당하는 일본의 신분증은 '마이넘버카드My Number Card'이며 2016년부터 등록해서 사용하기 시작했다. 공식적으로는 〈행정 수속에서 특정 개인을 식별하기 위한 번호 이용 등에 관한 법률〉에 근거한다. 이 카드에는 개인 식별 번호와 사진, 주소 등의 정보만 기재될 뿐 한국처럼 지문은 채취하지 않는다.

이 제도는 일본 정부와 지자체에서 의료서비스나 세무 관련 공적 행정 서비스를 효율화하기 위해 도입했다. 전 국민을 대상으로 한 개인 식별 번호가 없기 때문에 전자정부를 실현할 수 없다는 일본 정부의 판단에 따른 것이다. 실제로 연말정산서류에 부양가족을 등록할 때만 해도, 한국에서는 가족의 주민등록번호를 입력하고 자료제공동의를 받으면 자동으로 등록이 완료된다. 하지만 일본에서는 회사에서 서류를 확인하고 회계 담당 직원이 손으로 직접 기재하기 때문에 처리 과정에 막대한 시간과 비용이 들게 된다. 이런 상황에서 코로나19가 전 세계적으로 퍼지자 확진자를 집계하고 백신을 접종하며 재난지원금을 주는 과정도 지난했다.

하지만 2016년에 시행된 일본의 마이넘버카드의 보급률은 2021년 9월까지 20퍼센트가 채 되지 않았다. 이렇게 보급률이 낮은 이유는 개인정보 관리에 대한 직장의 부담, 소득이나 다른 정보까지 모조리 노출될 수 있다는 개인의 우려 때문이다. 그래서 이를 발급받은 사람들에게는 한화 20만 원 정도의 현금성 포인트를 주는 등 여러 혜택을 제공했다. 그 결과 2022년 하반기를 기준으로 보급률이 49퍼센트까지 높아졌지만, 그래도 일본인의 절반이 발급 신청을 꺼렸다. 결국 2023년 1월 들어서 보급률을 높이기 위해 마이넘버카드에 건강보험증 기능도 추가한다고 발표하고 나서야 신청 건수가 전 국민의 60퍼센트를 넘었다고 한다.

사실 이렇게 보급률이 빠르게 높아지지 않는 또 다른 이유는 행정상의 불편 때문이다. 정부는 마이넘버카드 신청서를 등기우편으로 보내는데 이를 받으려면 집에 있어야 한다. 만일 집에서 받을 수 없다면 신분을 증명할 여권이나 운전면허증을 갖고 직접 우체국에 가서 수령해야 한다. 또 2022년까지 발급받지 않은 사람들은 건강보험증만 있으면 사는 데 지장이 없다고 할 정도로 마이넘버카드의 필요성을 느끼지 못했다. 새로운 제도를 도입하면서 정부가 그에 대해 충분히 설명하지 못하고 안내가 부족했으며 개인정보 관리에 대한 신뢰를 얻지 못해 보급률이 낮았던 것이다.

반면에 한국에서는 사진과 엄지손가락 지문, 주소가 기재된 주민등록증을 발급해야 하는 절차가 1968년부터 별 무리 없이 정착되었다. 그해 1월에 발생한 김신조 청와대 습격사건(1·21사태)이 그 계기였다. 이 사건 때문에 북한 간첩을 식별해내기 위해 주민등록제도가 실시되었다. 당시 시도 때도 없이 군경이 실시하던 검문검색이 귀찮아서라도 사람들은 제도 시행을 받아들였다.

생각해보면 코로나19 방역 지침에 따라 나의 모든 동선을 공개하는 QR코드를 사용하고, 식당을 방문할 때마다 명부에 개인정보를 작성하는 것 역시 한국에서는 별다른 저항이나 이견

없이 시작되었다. 밥을 먹고 있는데 식당에 방송 카메라가 들어오고 길거리 인터뷰를 해도 그 사람의 나이는 물론 사는 동네까지 자막으로 나오는 것이 한국이다. 코로나19든 간첩의 습격이든 계기가 무엇이든 간에 국가가 주도적으로 어떤 제도나 절차를 시행할 때 한국 사람들은 서방 국가처럼 시위를 하는 등 격렬하게 반대하지 않는 편이다. 중앙집권적이고 국가중심적인 오랜 역사가 국가 정책에 대한 우리의 수용력을 높인 것일까? 그렇다면 이는 결국 나라마다 다른 권력의 성격과도 연결지어 생각할 수 있지 않을까?

'나'의 크기에 따라 공동체가 다르게 움직인다

•

한국 대통령의 권력은 막강하다. 대통령이 직접 임명할 수 있는 임명직에 관한 정확한 통계는 찾지 못했지만 한 기사에 따르면 약 1만 개라고 한다.* 국립대학교 총장은 물론 국책 연구소장과 공기업 수장까지 여기에 포함된다. 단순 가정이지만 한

---

* 채송무, 〈정세균, 1만 개 대통령 임명직 지적 ⋯ "숫자 줄일 필요 있다"〉, 《뉴스핌》, 2020. 09. 14.

기관에 100명의 직원이 있다고 할 때 대통령이 교체되면서 인사에 영향을 받는 사람이 무려 100만 명이나 되는 것이다. 5년 단임제니까 5년마다 한 번씩 100만 명이 직간접적으로 인사에 영향을 받는다고 생각하면 놀랍기만 하다. 나를 포함해서 우리가 왜 그토록 대선에 관심이 많고 선거전이 과열되는지, 대중매체에는 정치 뉴스가 왜 그리 많은지 이해가 된다.

반면 일본 정부의 수장이라고 할 수 있는 총리는 우리의 장관에 해당하는 국무위원 17명만 임명할 수 있도록 법률로 정해져 있다. 이를 인증관認証官이라고 하는데, 형식적으로나마 천황*의 동의가 필요하기 때문에 '인증'이라고 한다. 물론 인증받은 17명은 내각에서 다양한 인사 권한을 갖게 된다. 이 권한에 직간접적으로 총리가 영향을 줄 가능성이 있고 누가 총리가 되느냐에 따라 그 영향력도 달라진다. 그렇다 하더라도 총리의 권한은 우리의 생각보다 약하다.

한국의 대통령은 인사 외에도 법률과 법령에서 막강한 권한

---

*   일반적으로 한국에서는 주로 '일왕'이라고 표현한다. 이를 '천황'으로 바꿔서 표기할지는 앞으로 논의해야 한다. 다만 이미 1980년대에 일본에게 한국인 인명 등을 한국 발음으로 쓰도록 요구한 적이 있고 공식적으로 일본에서 이를 수용했다. 이 때문에 일본이 쓰는 '천황'이라는 명칭도 수용할 수 있을 것으로 생각해서 이 글에서는 '천황'이라고 쓴다.

을 행사한다. 10여 년 전 법제처의 요청으로 '알기 쉬운 법령 만들기' 사업에 참여한 적이 있다. 내가 담당했던 분야는 문화관광부 법령이었다. 그런데 법과 법령으로 정하지 않은 부분에 대해서는 유난히 "대통령령에 따른다"는 기술이 많아 대통령의 권한이 크다는 것을 실감했다. 이렇듯 권한이 막강하기 때문에 정당들은 5년마다 권력을 잡기 위해 모든 수단을 동원하는 것 같다.

일본의 상징인 천황의 권위와 비교해도 많은 차이가 있다. 천황의 장수를 기원하는 내용으로 알려진 일본의 〈기미가요君が代〉를 한국어로 번역한 다음 구절을 살펴보자.

　당신의 세상은 천대 만대 작은 돌이 바위가 되고 이끼가 낄
　때까지

대부분 '당신君(기미)'이 천황을 뜻한다고 생각할 것이다. 일본 정부의 공식적인 〈기미가요〉 악보에도 가사가 대부분 한자 없이 히라가나로 표기되어 있어서 여러 가지로 해석할 수 있으며* 일본인 중에도 그렇게 생각하는 사람이 많다. 사실 일본어

---

*　内閣府, 制度, 〈「国旗·国歌」について〉, 別記第2(第2条関係), https://www8.
　cao.go.jp/chosei/kokkikokka/kokkikokka.html

'君'에는 '당신' 외에도 '주인' '군주' '너'라는 다양한 의미가 있다. 따라서 이 노래에 나오는 '당신'을 '천황', 즉 군주로 해석할 수도 있고 2인칭 대명사인 '너'로 해석할 수도 있다.

일본 정부는 1999년에 이 노래를 국가로 지정하면서 내용의 해석에 대해 공식적으로 입장을 표명했다. 그해 6월 29일 한국 국회에 해당하는 중의원 본회의에서 〈기미가요〉에서 말하는 '君'의 의미에 대한 질의가 있었다. 이에 대해 당시 오부치 게이조小渕恵三 총리의 답변을 보면 명확히 입장이 정리되어 있다.*

메이지시대 국가로 불리게 되면서 구헌법 아래 '당신'은 일본을 통치하는 천황의 의미로 사용되었습니다. 종전** 후 새로운 헌법이 제정되어 천황의 지위도 전전戦前과는 달라졌습니다. 따라서 현 헌법 아래에서 국가 〈기미가요〉의 '당신'은 일본국 및 일본 국민 통합의 상징이며 그 지위가 주권을 갖는 일본 국민의 총의에 기반하는 천황을 지칭하고 있습니다. 그러므로 〈기미가요〉란 일본 국민의 총의에 기반해

---

* 　第145回国会 衆議院 本会議 第41号 平成11年6月29日, https://kokkai.ndl. go.jp/simple/detail?minId=114505254X04119990629&spkNum=0#s0
** 　일본에서는 일반적으로 '종전'을 쓰지만 이는 전쟁을 일으키고 패전한 국가라는 것을 희석시킨다는 점에서 '패전'을 쓰는 소수의 학자도 있다.

서 천황을 일본국 및 일본 국민 통합의 상징으로 하는 우리 국가國歌를 말합니다. 〈기미가요〉의 가사도 그러한 우리나라의 영원한 번영과 평화를 염원하는 것으로 해석하는 것이 타당하다고 생각합니다. 〈기미가요〉에 대한 이러한 견해는 오늘날 각 세대가 널리 이해할 수 있는 것으로 생각합니다.

다중적 의미를 포함하는 총리의 정제된 발언에서 일본의 특성이 보이는 것 같기도 하다. 이 답변을 해석해보면 메이지시대 헌법에 따라 〈기미가요〉의 '당신'은 '천황'을 뜻하지만 현재 헌법에 따라 '일본국'을 뜻할 수도 있다. 물론 2인칭 대명사인 '당신'이 일본어 용법에도 없는 '일본국'이라고 해석하는 것은 나뿐 아니라 일본인도 쉽게 받아들이기 어렵다.

실제로 2004년 12월 1일 주독 일본대사관 누리집에서 〈기미가요〉의 가사를 "주군이시여, 당신의 지배가……"라고 번역하고 있는 것으로도 확인할 수 있듯이 국제적으로는 천황의 장수를 비는 곡으로 알려져 있다. 이에 대해 일본 국회에서 질의가 있었다.* 총리는 추후 서면으로 제출한 공식 답변서에서 주

---

* 小宮山泰子, 〈国歌「君が代」について明治憲法下のような訳文を用いた在外公館における広報活動に関する質問主意書〉, 平成十六年十二月一日提出, 質問第六五号, https://www.shugiin.go.jp/internet/itdb_shitsumon.nsf/html/

독 일본대사관 누리집 독일어 번역은 오해를 불러올 수 있다는 점을 지적하고 정부의 공식 견해를 재외 공관에 철저히 주지시키겠다고 했다.* 이 답변서에서는 정부가 〈기미가요〉 가사의 외국어 번역을 통일해서 작성하지는 않으며, 이미 재외 공관에 보낸 공식 전문電文에서 〈기미가요〉의 '정식 문서'는 일본어뿐이라고 밝히고 있다. 이처럼 나라를 상징하는 국가의 해석도 쉽지 않은 것이 일본이다.

일본이 역사를 잊은 것처럼 보이는 이유

●

이와 관련해서 오에 겐자부로大江健三郎가 1994년 노벨문학상을 받으면서 연설한 〈애매한 일본의 나あいまいな日本の私〉가 생각난다. 1968년 일본인 첫 노벨문학상 수상자인 가와바타 야스나리川端康成는 수상식에서 〈아름다운 일본의 나美しい日本の私〉라는 연설

---

shitsumon/a161065.htm

* 小泉純一郎,〈衆議院議員小宮山泰子君提出国歌「君が代」について明治憲法下のような訳文を用いた在外公館における広報活動に関する質問に対する答弁書〉, 平成十六年十二月十日受領, 答弁第六五号, https://www.shugiin. go.jp/internet/itdb_shitsumon.nsf/html/shitsumon/b161065.htm

을 통해 일본의 미를 신비한 것으로 알리려고 했다. 이와 달리 겐자부로의 연설 내용은 근대 일본의 서구화와 침략 전쟁 그리고 한국인과 수많은 일본인이 희생한 끝에 패전, 이후 일본 정치와 사회의 역사를 잊은 듯한 애매한 태도에 대해, 인간성 회복이라는 관점에서 먼 동방 작은 나라의 작가로서 사명을 밝힌다. 겐자부로가 지적한 대로 스스로의 정체성을 직시하지 않으려는 권력의 부재와 통치 방식 때문에 역사수정주의가 생겨나지 않았는가! 태가트 머피Taggart Murphy가 《일본의 굴레Japan and the Shackles of the Past》에서도 언급한 것처럼, 일본 정치가들은 자신에게 정치적 생명이라 할 수 있는 지역구를 물려준 할아버지와 아버지의 존재 자체를 부정할 수 없기 때문에 과거 침략 전쟁과 식민지 통치에 대한 반성은 거의 불가능한 것으로 보인다.

이처럼 권력이 분산되어 있기 때문에 스스로 책임지지 않고 좀처럼 결단을 내리지 못하는 일본 정치인들에 비해 한국의 대통령은 매우 분명한 존재다. 일본의 정치인들이 과거 문제에 대해 사과하지 않는 것과는 달리 한국의 여러 대통령은 과거 베트남전쟁에서 한국 군인들이 저지른 학살 등의 문제에 관해 사죄하겠다고 밝힌 적이 있다. 또한 단순히 뉴스에 자주 오르내리는 것을 넘어서 특별한 행사가 있는 날에는 언제나 주인공처럼 등장하며 그날의 발언 한마디 한마디가 모두 주목을 받는다. 국민의 직접선거로 선출된 대통령으로서 부여받은 막강한 권력 때문일까. 이렇듯 한국의 대통령은 사람들의 의식과 우리의 일상에 뚜렷하게 존재하고 있다.

그만큼 공격도 자주 받는 것이 한국의 정권이다. 조금이라도 국민의 삶이 힘들어진다 싶으면 모든 화살이 대통령과 전 정권으로 쏠린다. 언젠가 10년 만에 정권을 잡은 보수 정치가가 "잃어버린 10년"이라는 표현을 쓰면서 모조리 싹 바꾸겠다고 했다. 앞뒤 문맥을 따지면 그렇게 표현한 것은 이해하지만 표현이 거친 것은 분명하다. 미국 대통령의 취임사를 보면 대체로 전 정권에 대한 존중이 바탕에 있다. 전 정권에서 만들어진 법, 전 정권이 외국과 맺은 협약을 계승하며 앞으로 국가를 어떻게 운영할 것인지를 이야기한다. 대체로 전 정권에서 이루어진 역사를 인정하고 문제를 개선하겠다는 내용이 담겨 있다. 그에 비하면 경제적으로는 선진국 수준인 한국의 정치 상황은 불안정해 보인다. 퇴임한 역대 대통령들의 처지가 이렇게 비참한 것도 경제 수준이 비슷한 다른 나라에서는 볼 수 없는 우리만의 특성이다.

하지만 정치적으로 전복이 일어난 만큼 사회 변화도 긍정적으로 이루어졌다고 할 수는 없을 것 같다. 4·16세월호참사도 10·29참사도 일어나지 말았어야 할 아픔이다. 그런데 우리는 이러한 사태가 반복되지 않도록 어떻게 대응하고 있는가? 일본도 1954년 아오모리와 하코다테 사이를 운항하는 페리에서 1,155명이 희생된 사고가 있었고, 1955년 수학여행을 가던 학생을 포함한 168명이 사망한 사고도 있었다. 1985년 승객 승무원 524명을 태운 일본항공 비행기 추락 사고는 내겐 여전히 충격으로 남아 있다. 이 사건들에 대해서 2022년 현재까지 유가족은 물론 언론도 계속 관심을 갖고 소식을 전하고 있으며 진상 규명을 위한 노력이 계속되고 있다. 반면에 우리는 세월호참사 유족들과 10·29참사 희생자들에게 글로 옮길 수도 없는 원색적인 비난을 가하며 2차 가해를 하고 있다. 우리가 그토록 중요시하는 "역사를 잊은 민족에게 미래는 없다"라는 말을 '남(일본)'에게는 즐겨 사용하지만 스스로의 역사에는 적용하지 않는 것 같아 씁쓸하다.

물론 일본 역시 자신들의 역사를 제대로 기억하지 않으려는 모습이 있다. 바로 일본군위안부 문제다. 일본이 일본군위안부를 어떻게 정의하는지 살펴보자. 2000년에 일본 민주당이 발의해서 지금까지 153회나 국회(참의원 회의)에 제출되었지만 아직 가결되지 않은 〈전시 성적 강제 피해자 문제 해결 촉진에 관한 법률안〉이 있다. * 이 법안이 제출된 배경에는 한국정신대문

---

* '戦時性的強制被害者問題の解決の促進に関する法律案', 平成13年11月14日

제대책협의회를 비롯한 여러 나라 피해자 여성들의 증언과 일본 도쿄에서 2000년 12월에 열린 여성국제전범법정*이 있다. 아직도 이 법률안이 가결되지 못하고 있는 것은 안타까운 일이다. 하지만 1945년 이후 유엔을 필두로 한 인권선언 등의 영향으로 전쟁과 인권에 대한 인식이 변화하고 있다는 점은 일본이 많이 긍정적으로 변하고 있다는 증거일 것이다. 특히 이 법률안에서는 위안부 정의에서 '직접' 외에 '간접 관여'로 인한 모집도 포함하고 있다는 점에서 개선되었다고 평가할 수 있다. 이 법률안의 정의 부분을 번역하면 다음과 같다.**

제2조 이 법률에서 '전시의 성적 강제'란 제2차 세계대전 및 여기에 이르는 일련의 사변 등과 관련된 시기에 구육해군의 직접 또는 간접 관여에 따라 그 의사에 반해서 모

提出, 円より子君 外6名 発議, https://www.sangiin.go.jp/japanese/joho1/kousei/gian/155/meisai/m15507153004.htm

* '2000年日本軍性奴隷戦犯女性國際法廷'. 2000년 12월 군위안부 피해자와 관련단체들이 모여 일본군 성노예제와 관련된 법적 책임을 묻고자 열린 민간차원의 국제인권법정. 2000년법정·여성국제전범법정(한국민족문화대백과사전에서 인용), http://encykorea.aks.ac.kr/Contents/Item/E0079682

** 衆議院, 第150回国会 議案の一覧, '戦時性的強制被害者問題の解決の促進に関する法律案', https://www.shugiin.go.jp/internet/itdb_gian.nsf/html/gian/honbun/houan/g15006009.htm

집된 여성에 대해 행해진 조직적이며 계속되는 성적 행위
의 강제를 말한다.

한편 1993년 위안부 강제연행 사실을 인정했던 〈고노담화
河野談話〉에 대해 2007년 아베 신조安倍晋三 내각은 "강제연행을 직
접 제시하는 기술은 발견되지 않았다"라는 문구가 담긴 답변
서를 공식채택하여 이를 부정한다. 놀라운 것은 이 법안의 2항
이다.

2. 이 법률에서 '전시성적강제피해자'란 전시에 성적 강제
로 인해 피해를 입은 여성이며, 구호적법(1914년 법률 제
26호) 규정에 따른 본적을 갖는 자 외의 자였던 사람을
말한다.

위에서도 1914년 법률을 기준으로 피해 일본인 여성은 보
상 대상에서 제외되어 있으며, 그 배경에 대한 발언과 설명을 통
해 그 이유를 이해할 수 있다.* 니시카와 교코西川京子 중의원의

---

* 니시노 루미코, 오노자와 아카네 책임 편집, 번역공동체 잇다 옮김, 《일본인 '위
안부': 애국심과 인신매매》, 논형, 2021, 6~7쪽.

"'위안부'는 매춘의 문제", 이시하라 신타로石原愼太郎 당시 도쿄 도지사의 "그런 가난한 시대에는 일본인이든 한국인이든 매춘은 상당히 이득이 남는 장사였기 때문에, 가난한 사람들은 어떤 의미에서는 어쩔 수 없이, 그러나 결코 억지로 선택한 것은 아니었다"라는 발언이 그것이다. 일부이긴 하지만 이런 발언을 하는 사람이 있는 것은 위안부를 한국과는 달리 '우리'로 인식하지 않고 '남'으로 인식하기 때문이 아닐까?

2017년에 만난 일본인 교수의 말에 따르면 이제야 일본에서도 위안부 증언이 나오기 시작했다. 그들에게 왜 그동안 침묵했냐고 물었더니, 모집책이 같은 마을 남자들이었고 패전 후에도 같은 마을에 살았기 때문에 말할 수가 없었다고 한다. 모집책들이 죽고 난 뒤에야 증언하기 시작한 것이다. 이런 발언과 증언이 일본에서 시작되면서 2015년에《일본인 '위안부': 애국심과 인신매매日本人'慰安婦': 一愛國心と人身賣買と》같은 책이 출간되기도 했다. 이러한 변화는 한국과 일본이 서로 이 문제의 진실을 규명하기 위해 끊임없이 노력해야 한다는 점을 시사한다. 어느 한쪽만 노력해서는 해결하기 어렵다.

2023년 한국과 일본 정부 사이에서 '징용공' 강제동원 배상 문제의 해결 방안이 논의되고 있다. 다만 논의의 방향을 보건대 극도로 악화된 한일관계를 회복하기 위해서는 어떤 식으로든 결론을 내야 한다는 한국 정부의 조급함이 느껴진다. 과거에도 '미래지향적' 한일관계를 위해 얼마나 많은 노력과 시도가 있었는가. 그러한 노력과 시도들은 결국 모두 실패로 돌아갔다. 한국과 일본의 너무도 다른 정치, 경제, 사회, 문화, 나아가 인간관의 근본적 차이 때문이다.

한국은 중앙집권적이고 도덕 지향적 사회이기에 '갈등'은 빨리 해결하고 넘어가야 하는 것으로 생각한다. 반도라는 특성과 함께 분단국가라는 특수성이 영향을 끼친 것으로 보인다. 또한 현세적 물질주의가 사회적 갈등을 봉합하며 경제적으로나 사회적으로나 급격하게 윤택해졌다. 그러나 다른 나라와의 관계에서, 특히 일본과의 관계에서 '갈등회피주의'로 보이는 이러한 문제 해결 방식을 선택하는 것은 바람직하지 않다. 오히려 갈등의 원인이 어디에 있는지 철저히 밝히는 과정에서 서로의 다름을 인지해야 보다 나은 관계로 나갈 수 있을 것이다.

변화를 즐기는 '나'가 필요한 시대

•

코로나19 제한 조치가 거의 모두 해제되면서 하늘길이 열리자, '보복여행'이라고 할 정도로 그동안 못 간 여행의 한을 풀

기라도 하듯 많은 한국인이 일본행 비행기를 타고 있다. 한국인만큼은 아니지만 일본인들도 한국에 대한 관심이 뜨겁다. 한국인이 일본을 가는 이유 중 하나는 맛있는 음식(16.9퍼센트)인데, 일본인이 한국을 방문하는 이유 중 가장 높은 비율을 차지한 것 역시 '음식문화와 쇼핑'(52.5퍼센트)이라고 한다.* 내가 가르치는 일본인 학생들은 식당을 가면 능숙하게 김치를 가위로 잘라 먹으며 한국 배추가 달다고 이야기한다. 또 일본에는 없는 마늘이 잔뜩 들어간 들깨칼국수를 벨트까지 풀고 먹는다. 이러한 모습들을 보면 일본인이 이제는 한국 음식에 거부감이 없어진 게 아닐까 하고 생각하게 된다. 한국 젊은이들 역시 마찬가지다. 내가 선택한 음식이 아닌 주방장이 주는 대로 먹는 일본의 음식점 운영 방식을 '오마카세おまかせ'라고 하는데, 한국에서 지금 이 오마카세가 유행이라고 한다. 이러한 현상들을 보면 '나' 중심인 한국인도 변하고 있는 것을 느낄 수 있다.

하지만 아직도 서로가 이해하지 못하는 차이점이 많다. 이 글 역시 두 나라의 차이점을 완전하게 설명하고 있다고는 할 수 없다. 사회와 정체성이 계속 변하기 때문이다. 오스트리아의 철학자 이졸데 카림Isolde Charim은 《나와 타자들Ich und die Anderen》

---

* 전수진, 〈한·일 젊은 세대일수록 호감도 더 높다〉, 《중앙일보》, 2019. 06. 12.

에서 "현 시대는 다원성의 시대다. 인간은 곁에 누가 있느냐 상황이 어떻게 변하느냐에 따라 끝없이 자신을 재구축한다. 이제 우리는 매일 다르게 살 수 있고, 완전히 다른 존재가 될 수도 있다"라고 말한다. 한국도 일본도 다른 나라도 세상은 다양한 사람들과 다양한 생각이 얽혀 돌아가기에 확실히 어느 쪽이 좋고 나쁘다고 주장할 수 없는 시대가 되었다. '나'라는 존재는 그런 시대의 흐름을 반영하며 지금 주위에 있는 사람들과의 관계와 어린 시절부터 겹겹이 쌓여온 오랜 시간의 결과물로 만들어진다. 나는 나와 관련된 사람들과 나를 포함한 역사의 종합체인 것이다.

지금은 자신이 사는 지역과 공간을 넘어 다양한 자극을 경험할 수 있는 세상이 되었다. 태어나서 죽을 때까지 하나의 언어만을 사용하는 사람도 급격히 줄고 있다. 그렇기에 더욱 살아 있는 사람들과의 접촉과 개방된 마음으로 스스로와 세상을 바라보는 유연함이 중요하다. 고정되고 안정된 '나'가 아닌, 변화하면서도 그 변화를 즐길 줄 아는 '나'가 필요한 시대다. 한국과 일본 사이에는 정치적으로나 역사적으로 풀어야 할 문제가 많지만 나를 위해서 서로의 차이를 발견하고 서로의 단점을 극복하고 다가가야 하는 이유다.

다행히 공간과 정보의 한계는 많이 허물어졌다. 앞으로 우리는 한국과 일본이 깊이 만나고 직접 접촉함으로써 서로를 이해하고 다름을 깊이 공감하며 서로에게 부족한 부분을 채워나가야 한다. 이제는 충분히 그 정도로 성숙한 사회가 되었다. 젊은 세대의 머릿속에는 보다 나은 세상을 향한 공동의 목표와 삶의 방식이 자리 잡고 있다. 결국 이 멀고도 가까운 일본을 제대로 아는 것이, 나를 보다 풍요롭고 가치 있는 존재로 만드는 방법이 될 것이다.

'나란 누구인가'에 관한
단 하나의 정답은 없다

다른 나를 바라보는 편견을 가로지르다, '상호주관성'

_장한업

오늘날 한국사회는 정치, 사회, 경제, 문화 모든 면에서 심각한 갈등을 겪고 있다. 한국사에서 갈등은 언제나 있었지만, 갈등이 이렇게 모든 면에서 심각한 적은 없었던 것 같다. 2021년 프랑스 여론조사기관 입소스Ipsos는 전 세계 28개국 2만 3,000여 명을 대상으로 12개 항목에서의 갈등 수준을 알아보았다. 한국은 이념, 빈부, 성별, 학력, 정당, 나이, 종교, 무려 7개 항목에서 갈등 수준이 가장 심각했다. 이렇게 갈등 수준이 높다는 것은 한마디로 나와 남, 우리와 그들 사이가 좋지 않다는 뜻이다. 이처럼 관계가 좋지 않으면 막대한 사회적 비용을 치러야 할 뿐 아니라 국가와 사회의 통합에도 큰 장애가 된다.

따라서 이 갈등 수준을 낮추기 위해서는 무엇보다도 나는 누구인지, 우리는 누구인지부터 알아야 한다. 유감스럽게도 오늘날 한국인의 자기 인식에는 상당한 문제가 있어 보인다. 20세기 중반 이후 '한강의 기적'을 이루는 과정에서 과도한 민족주의, 인종주의, 배금주의 등이 전염병처럼 한국사회에 퍼졌다. 이런 전염병은 나 또는 우리 안에 잠복해 있다가 기회만 되면 차별이라는 형태로 그 모습을 드러낸다.

이 전염병을 치료하기 위해서는 20세기 중반부터 21세기 초반까지 받았던 교육과는 전혀 다른 교육을 실시해야 한다. 순혈이라는 허구에 기초한 민족주의는 위험하다는 것, 지구상에는 호모사피엔스라는 인종 하나만 있다는 것, 따라서 인종차별이라는 말 자체가 어불성설이라는 것, 돈으로 인간을 평가하는 배금주의는 인권을 침해한다는 것을 가르치는 교육이 절실하다. 상호문화교육은 이런 집단의식에 맞는 최적의 해독제다.

정체성에 대한
몰이해는
차별을 낳는다

오늘날 사람들은 많은 갈등 속에 살고 있다. 그 이유는 사회의 빠른 변화와 잦은 문화적 교류에서 찾을 수 있다. 갈등葛藤을 뜻하는 단어 conflict는 라틴어 confligere에서 나온 말이다. 여기서 con-은 '함께'라는 뜻이고 fligere는 '부딪치다'라는 뜻이니, 갈등은 '함께 부딪히다'로 해석할 수 있다. 영어 conflict는 15세기 초에 등장해 1640년대부터 '상반되다'라는 의미로 사용되었다.* 갈등의 한자는 영어의 어원보다 훨씬 흥미롭다. 葛은 '칡'을 말하고 藤은 '등나무'를 말한다. 칡은 왼쪽에서 오른쪽으로 감아 올라가고 등나무는 오른쪽에서 왼쪽으로 감아 올라가

＊ conflict, Online Etymology Dictionary.

기 때문에 함께 자라면 서로 단단히 꼬일 수밖에 없다. 《표준국어대사전》에서는 갈등을 "두 가지 이상의 상반되는 요구나 욕구, 기회 또는 목표에 직면했을 때, 선택을 하지 못하고 괴로워함. 또는 그런 상태"라고 정의한다.

통시적으로 볼 때 한국사회는 매우 빠르게 변화한다. 이는 지난 70여 년만 되돌아봐도 쉽게 알 수 있다. 1945년부터 1987년까지 고작 40여 년 동안에 해방, 남북분단, 6·25전쟁, 개발독재, 산업화 등을 경험했다. 1987년 이후 30여 년 동안에는 외환위기와 정치적 반동을 극복하고 민주주의를 강화해서 선진국 대열에 합류했다. 영국이 200년, 미국이 150년 동안 이룬 변화를 한국은 불과 두 세대 만에 이루었다고 평가하는 사람도 있다

그런데 이렇게 변화 속도가 적응 속도를 훨씬 앞서가니 다양한 가치 사이에 갈등이 일어난다. 그로 인해 심리적으로나 신체적으로 긴장감도 생기는데, 이러한 긴장감이 지속되면 사회 구성원이 우울증이나 무력감에 빠질 수 있다. 이런 우울증이나 무력감이 극에 달하면 자살이라는 극단적인 선택을 할 수도 있다. 부끄러운 일이지만, 한국의 자살률은 2020년 인구 10만 명당 24.1명으로 경제협력개발기구OECD 국가 중 1위다. 더욱 부끄러운 점은 한국이 2003년부터 2020년까지 자살률 상위 3위 아래로 떨어진 적이 없다는 사실이다. 자살하는 사람들이 많다

는 것은 그 사회가 그만큼 건강하지 못하다는 뜻이다.

다문화사회 한국, 단문화적 한국인

•

　사람들 간에 교류가 활발해지면 문화 차이 때문에 갈등이 일어난다. UN 경제사회국이 2020년에 발표한 〈국제인구이동 보고서〉에 따르면 국제 이주자는 2000년에는 1억 7,000만 명이었지만 2010년에는 2억 2,000만 명으로, 2020년에는 2억 8,000만 명으로 늘어났다. 이는 전 세계 인구의 3.6퍼센트에 이르는 수치다.

　한국도 행정안전부가 발표한 〈2019년 지방자치단체 외국인주민 현황〉에 따르면, 국내에 2019년 기준 222만 명의 외국인주민이 살고 있다. 이는 남한 인구의 4.3퍼센트에 이르며 충청남도 도민보다도 많은 숫자다. 외국인주민의 비율이 가장 높은 곳 중 하나는 안산시로, 2019년 기준 안산시 외국인주민은 9만 3,000여 명, 즉 안산시 주민의 13.2퍼센트를 차지한다. 조사 당시 안산시 단원구에 있는 한 초등학교의 1학년 1반 학생 24명 중 20명이 외국인주민 자녀였다. 그중 러시아 어머니를 둔 학생은 14명이나 되었다. 담임교사의 설명에 따르면, 이 반에서 쉬는 시간의 공용어는 러시아어고 담임교사도 간단한 러시아어는 구사할 줄 알아야 한다. 이러한 현상은 안산에 국한되지 않는다. 2년 전 순천에서 열린 강연에서 만난 유치원교사는 다음과 같이 말했다. "우리 유치원은 이번에 7명의 원아를 새로 모집했는데 모두 외국인 어머니를 둔 애들이에요. 이제는 애들이 없으면 유치원은 문을 닫아야 해요."

OECD에서는 외국인, 이민 2세, 귀화자 등 이주배경인구가 총인구의 5퍼센트를 넘으면 '다문화국가'로 분류한다. 이 기준에 따르면 한국은 "여러 국가, 민족, 종교 집단들이 모여 사는 사회"*, 곧 다문화국가에 근접했다고 할 수 있다.

외국인노동자는 외국인주민 중 가장 큰 비중을 차지한다. 그러다 보니 이들이 일하는 직장에서는 크고 작은 갈등이 빈번히 발생한다. 한 신문기사**에 따르면, 파키스탄 출신 외국인노동자 A는 직장 동료들과 함께 회식을 하러 갔다. 한국인 동료들은 삼겹살에 소주 한잔할 수 있겠다고 생각하고 좋아했지만 A는 난감했다. 약간 망설인 끝에 A는 "이슬람권 국가 사람들은 무슬림이라서 돼지고기를 먹지 못하고 소고기나 양고기, 닭고

---

*   Council of Europe, Education Pack, European Youth Centre, 1995.
**   송하성, 〈내외국인의 사회문화적 갈등, 여기서 해결합니다〉,《오마이뉴스》, 2019. 02. 16.

기만 먹을 수 있다"라고 설명했다. 그러나 한국인 동료 B는 "가난한 나라에서 온 놈들이 비싼 것만 먹으려고 한다"라며 화를 냈고 한술 더 떠 "한국에서는 돼지고기를 많이 먹으니까 너희도 똑같이 먹어야 한다"라고 강요했다.

우리는 여기에서 두 가지 갈등을 확인할 수 있다. 하나는 한국인과 파키스탄인 간의 갈등이다. 다른 하나는 파키스탄인 스스로가 느끼는 갈등이다. 그가 한국인 동료들과 잘 지내려면 자신의 음식문화를 포기해야 한다. 하지만 그에게 음식문화는 종교와 결부된 것이라 포기하기가 거의 불가능하다. 이럴 때 가장 좋은 방법은 각자가 원하는 음식을 시켜서 한자리에서 먹는 것이다. 하지만 아직도 모든 것을 같이해야 직성이 풀리는 한국인의 집단문화를 생각하면 이는 '희망 사항'일 뿐이다.

한편으로는 이러한 사회 변화를 당연한 흐름으로 받아들이며 낯선 문화에 잘 적응하는 사람이 있다. 미국 사상가 에드워드 하스켈Edward Haskell은 1941년에 이런 사람을 '다문화적 인간 multicultural man'이라고 했다. '다문화적 인간'이라는 말은 특정 국가와 언어, 종교를 초월해서 사고하고 행동하는 소수를 가리킨다. 그러나 이제는 이들을 '예외적인 사람', 그러니까 소수라고 생각할 수 없다. 오늘날을 살아가는 우리 모두는 '다문화적 인간'이어야 한다. 그런데도 다문화적인 요소를 배제한다면, 다시 말해 다양성을 온전히 수용하지 못한다면 어떤 대가를 치러야 할까?

단문화 세대에게 날아들 미래의 청구서

●

호주는 18세기 말 영국이 원주민 애버리지니aborigine을 몰아내고 만든 나라다. 호주는 1901년에 연방을 만든 후 1973년까지 '백인 우선 정책'을 내세우며 비非백인의 이민을 엄격히 제한했다. 이 제도는 1973년에 폐지되었지만, 호주 백인들의 머릿속에는 비백인에 대한 편견이 여전히 남아서 비백인이 계속해서 부당한 차별을 받게 만들었다. 호주는 결국 그러한 차별을 없애기 위해 동화정책을 시행하고 정부 보조금을 지급하는 등 막대한 사회적 비용을 지출해야 했다.

알프레드 디킨 시민권 및 세계화 연구소Alfred Deakin Institute for Citizenship and Globalisation의 아마누엘 엘리아스Amanuel Elias*는 노동시장, 학교 같은 사회·경제적 영역에서 소수집단을 부당하

---

*   Amanuel Elias, Yin Paraeries, "Utilising self-report data to measure racial discrimination in the labour market", Australian Journal of Labour Economics, 16:1, 2013.

게 대하면, 그러한 대우를 받는 개인뿐 아니라 그들이 속한 사회 전체가 큰 손실을 입는다고 경고한다. 먼저 기술과 자원 영역에서 손실이 나타난다. 소수집단의 개인이 다수집단의 부당한 처우 때문에 학교를 제대로 다니지 못하거나 직장에서 제대로 일하지 못하면 이는 인적 자원 면에서 큰 손실이다. 다음으로 소수집단의 개인이 다수집단의 부당한 처우 때문에 우울, 불안, 스트레스 등 심적 혼란에 시달리면 이는 건강과 사회 역학 측면에서 큰 손실이다. 엘리아스가 계산해본 결과, 이로 인한 손실은 449억 달러(약 50조 7,000억 원)에 이르는데, 이는 호주 평균 국내 총생산(2001~2011)의 3.6퍼센트에 해당하는 거금이다.

한국도 10년 후에는 호주처럼 막대한 사회적 비용을 지불해야 할 수 있다. 일반적으로 외국인주민의 비율이 10퍼센트 내외가 되면 내국인과 외국인의 갈등이 본격화된다고 한다. 한국의 경우에는 2019년 기준 외국인주민이 4.3퍼센트에 불과해 이런 갈등이 완전히 표출되지는 않았다. 하지만 최근 추세를 살펴보면, 이들의 비율은 계속 높아질 전망이다. 미등록 외국인이 많다는 것을 감안하면, 한국인의 비관용적 태도가 바뀌지 않을 경우 조만간 내국인과 외국인주민 사이에 심각한 사회적 갈등이 야기될 것이다.

먼저 임금 문제부터 살펴보자. 한국은 OECD 22개국 중 내국인과 외국인의 임금 격차가 가장 큰 나라다.[*] 내국인이 외국인보다 1.55배 많은 임금을 받고 있다. 한국의 외국인노동자 중 단순노동에 종사하는 사람의 비율이 90퍼센트이기 때문이다. 같은 사업장에서 일하는 내국인과 외국인의 임금을 비교해보면 그 격차는 1.25배로 낮아진다. 하지만 이렇게 계산해도 조사 대상 22개국 중에서 세 번째로 임금 격차가 큰 나라다.

외국인노동자들은 주거 문제에서도 부당한 대우를 받고 있다. 2020년 12월, 경기도 포천의 한 농가에서 캄보디아 출신 여성 노동자가 비닐하우스에서 잠을 자다가 사망했다. 한 이주노동단체의 조사에 따르면 이 여성은 비닐하우스를 개조한 숙소에서 변변한 난방시설도 없이 지냈다고 한다. 이 일이 일어나기 몇 개월 전, 노동부가 고용허가제로 들어온 외국인노동자의 숙소 실태를 조사한 결과 세 곳 중 한 곳은 냉난방시설이나 소방시설이 없는 비닐하우스나 컨테이너였다. 사실 이 문제는 경제적으로 어려운 농가 주인이 혼자서는 해결하기 어려운 문제이기는 하지만, 만약 한국인 노동자가 그렇게 죽을 경우 어떻게 했을지 생각해보면 차별이 틀림없다.

[*]   OECD, OECD Employment Outlook 2015, OECD Publishing, Paris, 2015. 07. 09. https://doi.org/10.1787/empl_outlook-2015-en

외국인노동자는 복지 차원에서도 부당한 처우를 받고 있다. 2021년 8월 외국인주민에게 재난지원금을 지급할 것인가를 두고 논란이 일어났다. 경기도의 경우, 3월부터 경기도민 모두에게 1인당 10만 원의 재난지원금을 지급했고, 6월부터는 결혼이민자와 영주권자도 포함해서 지급했다. 하지만 국적을 취득하지 않은 외국인주민은 제외되었다. 똑같이 재난을 당했고 근로소득세, 지방소득세, 건강보험료 등을 내고 있는데도 말이다. 다행히도 2020년 6월 11일 국가인권위원회는 "지자체 재난긴급지원금 정책에서 외국인주민을 배제하는 것은 평등권 침해"라고 결론지으며 경기도청에 정책 개선을 권고했다.

외국인주민의 자녀도 차별의 대상이 되고 있다. 2021년 여성가족부가 시행한 〈전국 다문화가족 실태조사〉에 따르면, 부모나 자신이 다른 나라에서 이주한 경험이 있는 이주배경학생의 23.4퍼센트가 '학교 폭력 발생 시 참거나 그냥 넘어간다'고 답했다. 교실 내에서 차별은 대부분 은연중에 일어난다. 예를 들어 한국인 아버지와 일본인 어머니를 둔 중학생 김 군은 역사 시간만 되면 괴로워한다. 임진왜란이나 일제강점기 이야기가 나올 때면 쥐구멍이라도 찾고 싶은 심정이다. 친구들이 자신을 마치 임진왜란이나 일제강점기의 주범처럼 바라보기 때문이다. 〈독도는 우리 땅〉이라는 노래를 부를 때도 친구들의 눈치를 봐야 한다. 친구들로부터 "넌 한국 사람이냐, 일본 사람이냐?" 라는 질문을 받는 것도 참기 힘든 일이다. 실제로 다문화가족으로서 갖는 자긍심은 3.38점, 자아존중감은 3.63점으로 2018년 (3.48점, 3.87점)에 비해 모두 하락했다.

이런 차별을 지속적으로 받을 경우 학업이 부진해지고 심하면 학업을 중단하기도 한다. 2019년에 발표한 〈다문화교육 포털 – 국내 다문화학생 현황〉을 살펴보면, 이주배경학생의 학업중단율은 초등학교(0.87퍼센트), 중학교(1.34퍼센트), 고등학교(1.91퍼센트)로 학년이 올라갈수록 높아졌다. 사춘기의 정점에 해당하는 중학생의 경우, 이주배경학생의 학업중단율은 전체 중학생 학업중단율(0.7 퍼센트)[*]의 두 배에 가깝다. 학업중단율이 높아지는 것은 개인적으로는 물론 국가적으로도 불행한 일이다. 인적 자원 손실, 범죄율 증가 등의 사회적 비용이 발생할 가능성이 높아지기 때문이다. 앞에서 이야기한 여성가족부의 조사에 따르면, 다문화가족 자녀의 취학률은 한국 전체 청소년에 비해 모두 낮은 수준이고 고등교육기관 취학률 격차는 31퍼센트로 매우 크다. 이로 인해 발생하는 사회적 비용은 다음 세대에게 청구서 형태로 부과될 것이다.

---

[*] 한국교육개발원·교육부, 〈2019교육기본통계〉

변하지 않는 정체성은 없다

•

　이러한 갈등은 결국 정체성을 제대로 이해하지 못하기 때문에 발생하는 문제다. 먼저 정체성을 뜻하는 영어 identity는 '동일한 것'을 의미하는 라틴어 idem에서 유래했다. 즉 정체성은 어떤 사물이나 사람과 '동일한 것'을 가리키는 말로, 사물과 사람 모두에 쓸 수 있다.

　사물의 정체성은 대개 객관적이고 논리적이다. 예를 들어 수많은 가방 중에서 "저건 내 가방이다"라고 말한다면 주인은 자기 가방의 정체성을 확인한 것이다. 반면에 공항이나 거리에 버려진 가방처럼 주인을 알 수 없는 가방도 있는데, 이를 '정체불명의 가방'이라고 한다. 또 하늘에서 낯선 비행 물체를 보면 UFO라고 하는데, 여기서 U는 unidentified, 곧 '정체가 확인되지 않은'이라는 의미다.

　사람의 정체성은 사물의 정체성보다 복잡하다. 사람의 정체성은 객관적, 논리적인 것뿐 아니라 주관적, 심리적인 것까지 포함하기 때문이다. 프랑스 심리학자 로랑 무키엘리Laurent Mucchielli는 사람의 정체성을 "개인의 기준과 정의를 합한 것이고 내적 감정이다. 이 정체성은 존재의 의지를 중심으로 조직된 통일성, 일관성, 소속, 가치, 자율성, 신뢰감을 포함한 다양한 감정들로 구성된다"라고 말한다.

　이렇게 정의된 정체성은 관계성, 복수성, 가변성이라는 세
가지 특성을 가진다. 관계성은 누군가의 정체성이 다른 사람과
의 관계 속에서 결정되는 것을 말한다. 예를 들어 부모라는 정
체성은 자식이 있어야 생기고 남편이라는 정체성은 아내가 있
어야 생긴다. 남자라는 정체성도 여자가 있어야 생기는 것이다.
복수성은 정체성이 하나가 아니라 여러 개라는 뜻이다. 가령 50
대 남자는 가정에서는 남편이고 직장에서는 교수이며 동호회에
서는 회장일 수 있다. 이 남자는 여러 개의 정체성 중에서 각각
의 상황에 가장 적합한 정체성을 선택해 대화하고 행동한다. 가
변성이란 정체성이 정체停滯되지 않고 시간의 흐름에 따라 변한
다는 것이다. 학생이라는 정체성은 졸업과 동시에 없어지고 취
직하면 직원이라는 새로운 정체성이 생긴다. 직원이라는 정체
성은 나중에 사장이라는 정체성으로 대체될 수 있다.

　이러한 정체성의 특성들을 고려하지 않은 채, 정체성을 단
일하고 고정적인 것으로 생각하고 나의 정체성을 기준으로 다
른 사람의 정체성을 평가하려 한다면 그것이야말로 차별差別이
다. 차별은 한마디로 차이差로 구별別하는 것이다. 우리는 일상
에서 늘 차이로 무언가를 구별하며 산다. 물건을 살 때도 그렇고
직원을 고용할 때도 마찬가지다. 이런 구분이나 선택이 부당할

때 문제가 생긴다. 이는 차별의 성립 조건에서도 확인할 수 있다. 어떤 행동이나 기준을 차별이라고 말하려면 첫째, 비교 대상이 있어야 하고, 둘째, 이 대상들을 불평등하게 대우해야 하며, 셋째, 이런 불평등한 대우에 합리적인 이유가 없어야 한다.

'남존여비男尊女卑'는 이 세 가지 조건을 잘 보여준다. 남존여비는 글자 그대로 '남자는 높고 여자는 낮다'는 뜻이다. 여기에는 '남자'와 '여자'라는 비교 대상이 있고, 남자는 '높게' 여자는 '낮게' 불평등하게 대우하며, 이런 불평등한 대우에는 합리적인 이유가 없다.

이러한 성차별은 최근의 '미투Me Too운동'으로 많이 개선되기는 했지만 아직도 교묘한 형태로 남아 있다. 결혼식 때 양가 혼주가 입는 옷을 예로 들어보자. 아버지는 양복을 입고 어머니는 한복을 입는다. 그런데 부부가 이렇게 옷을 달리 입는 데는 합리적인 이유가 없다. "우리 풍습이다"라고 말하는 사람도 있겠지만 풍습이라고 하기에는 그 역사가 너무 짧다. 1950년대 결혼식 사진을 보면 결혼식 혼주는 모두 한복을 입었다. 지금처럼 혼주가 성별에 따라 다른 옷을 입게 된 것은 '남자는 현대적이어야 하고 여자는 전통에 따라야 한다'는 뿌리 깊은 차별의식 때문이다. 이런 현상은 장례식에서도 찾아볼 수 있다. 남자는 양복을, 여자는 한복을 입는다. 이러한 관행이 차별 논란에서 벗어나려면 여자 혼주가 양장을 할지 한복을 입을지를 자유롭게 선택할 수 있어야 한다.

당신은 '다양한 나'를 받아들일 수 있는 사람인가?

•

차별에는 직접차별, 간접차별, 괴롭힘, 차별교사 등 다양한 유형이 있다. 직접차별은 민족, 피부색, 종교, 나이, 성별 등을 이유로 어느 한 개인이나 집단을 불리하게 대우하는 것이다. 예를 들어 나이가 많은 사람도 충분히 할 수 있는 일이지만 채용 공고에 연령 상한을 명시하면 직접차별에 해당한다. 또 어떤 사람이 흑인이라는 이유로 식당에 못 들어가거나 거리에서 아무런 이유 없이 불심검문을 받으면 피부색 때문에 직접차별을 받은 것이다.

간접차별은 표면상으로는 중립적으로 보이지만 실제로는 특정인을 불리하게 대우하는 것이다. 예를 들어 어느 백화점에서 업무 중 직원의 모자 착용을 금지한다면, 이는 무슬림 여성처럼 집 밖에서는 반드시 히잡을 써야 하는 여성들의 백화점 취업 자체를 가로막는 간접차별이다. 또 교사가 같은 내용을 가르치더라도 남학생들에게 흥미로운 예만 계속 든다면 이는 여학생들에 대한 간접차별이다.

괴롭힘은 민족, 피부색, 종교, 신념, 성별 등의 차이를 이유로 사람의 인격을 모독하거나 불쾌하게 만드는 것이다. 앞에서 이야기한 김 군처럼 일본인 어머니를 둔 학생을 임진왜란이나 일제강점기와 연결해 거론하는 것은 그 학생을 괴롭히는 행위다.

차별교사는 다른 사람이 어떤 개인이나 집단을 차별하도록 부추기는 것을 말한다. 예를 들어 어느 회사가 대행업체에게 외국인을 고용하지 말라고 요구하거나, 집주인이 공인중개사에게 이민자에게는 세를 주지 말라고 요구하면 차별교사가 된다.

차별을 하는 강자들은 자신이 누구인지 생각할 필요가 없다. 알아서 인정받기 때문이다. 반면에 상대적으로 약한 피해자들은 강자로부터 무시, 차별, 배제 등의 부당한 대우를 받기 쉽고 그때마다 정체성에 대해 고민하게 된다. 일제강점기의 한국인, 남한으로 넘어온 탈북인, 한국에 이민 온 외국인 그리고 그 사람들에게서 태어난 자녀 등은 정체성 때문에 많이 고민하는 사람들이다.

시인 윤동주는 1942년 1월 29일, 일본 유학 자금과 도항증명서를 얻기 위해 마지못해 창씨개명을 한다. 이날 '윤동주'라는 정체성은 '히라누마 도슈平沼東柱'라는 정체성으로 대체되었다. "만 24년 1개월" 사용해온 이름을 다른 이름으로 바꾼다는 것은 정체성, 그것도 아주 중요한 정체성을 바꾸는 것이다. 시인은 이를 두고 고민에 고민을 거듭했는데, 그것은 창씨개명을 하기 5일 전에 쓴 〈참회록〉에서도 엿볼 수 있다.

파란 녹이 낀 구리 거울 속에
내 얼굴이 남아 있는 것은
어느 왕조의 유물이기에
이다지도 욕될까.

여기서 '파란 녹'은 식민지로 전락해 흐려진 민족혼을 말하고, '어느 왕조의 유물'은 무기력한 자신을 가리킨다고 해석할 수 있다. 이 짧은 네 줄에는 시인이 느끼는 부끄러운 역사에 대한 반감, 무기력한 자신에 대한 자괴감이 압축돼 있다. 비록 시인이 명시적으로 밝히지는 않았지만, 이 시를 쓰고 5일 후에 창씨개명한 것을 보면 그 전에 참회하려고 쓴 시일 것이다. 윤동주는 개명할 수밖에 없는 상황에서 이 시를 통해 자괴감을 조금이라도 덜어보려 했던 것 같다. 이처럼 자신의 의지에 반해 정체성을 바꾸는 것은 크나큰 고통일 수밖에 없다.

오늘날 이 땅에 사는 결혼이민자, 특히 그 자녀들도 이와 비숫한 고통을 겪고 있다. 단일민족의식이 유독 강한 한국인은 '로마에 가면 로마법을 따라야 한다'라는 논리를 내세워, 결혼이민자에게 자신의 정체성을 버리고 한국인 정체성을 가지라고 노골적으로 요구하거나 그렇게 할 것을 은근히 기대한다. 그 자녀들에게는 이런 무언의 압력이 더욱 거세다. 1998년 국적법의 원칙이 부모양계혈통주의로 바뀌었지만 부계혈통주의가 여전히 강한데다, 혈연을 매우 중시하는 사회 분위기가 결혼이민자의 자녀에게 단일 정체성을 가지라고 요구하는 것이다.

이런 압력은 여러 가지 이유로 부당하다. 생물학적으로 우리 몸은 아버지로부터 23개, 어머니로부터 23개씩 받은 46개의 염색체로 구성된다. 또 일반적으로 아버지보다 어머니가 자녀에게 문화적으로 더 많은 영향을 미친다. 이러한 영향력은 언어만 봐도 잘 알 수 있다. 인간이 태어나서 처음 배우는 '모국어'는 영어로 mother tongue, 프랑스어로 langue maternelle, 독일어로 Muttersprache라고 한다. 여기에는 모두 '어머니'라는 의미의 단어 mother, maternelle, Mutter가 들어 있다. 언어는 문화의 일부일 뿐 아니라 문화 전수에도 결정적 역할을 한다. 따라서 '모국어'가 정상이라면 '모문화'도 정상이다.

2019년 노벨문학상 수상자인 페터 한트케Peter Handke의 말처럼 "다른 사람의 뿌리를 뽑는 것은 가장 나쁜 죄"임을 명심해야 한다. 그리고 프랑스 사회학자 질 베르분트Gilles Verbunt의 말처럼 이러한 정체성 문제의 해법은 "그들의 정체성을 구성하는 수많은 요인을 제거하지 않고 조화시키는 데서 찾아야 한다. 그런데 이런 접근은 어떤 집단이 다른 집단을 비난하지 않을 때만" 가능하다. *

그런데 현실은 그렇지 않다. 한국인은 이런 정체성의 복수성을 인정하지 않거나 부정적으로 본다. 그래서 많은 이민자 자녀가 '나는 한국인인가, 베트남인인가?' 같은 정체성 혼란을 겪는다. 이때 우리는 "너는 한국인이면서 베트남인이야"라고 말해주어야 한다. 영어로 말하자면 or가 아니라 and다.

나는 '다양한 나'를 받아들일 수 있는 사람인가? 그리고 다른 사람을 있는 그대로 이해할 수 있는 사람인가? 그렇지 않다면 자신의 머릿속에 고정관념과 편견이 있다는 사실을 인정하고 그러한 생각에서 벗어나려고 노력해야 한다. 그 전에 머릿속에 있는 고정관념과 편견은 어떻게 형성되었는지 살펴보자.

---

*   Gilles, Verbunt., La Société interculturelle: Vivre la diversité humaine, Seuil, 2001.

우리는
기획된
공동체 안에
살고 있다

일상에서 쓰는 거의 모든 한국어는 '우리'와 연결된다. 나라도 '우리나라'고 말도 '우리말'이며 집도 '우리 집'이다. '우리 집'에 사는 아버지는 '우리 아빠'고 어머니는 '우리 엄마'며 자녀는 '우리 아들, 우리 딸'이다. '우리'가 아니라 '나'와 연결해 말할 때는 '내 방' '내 책상' '내 연필'처럼 그 대상이 지극히 개인적인 경우로 국한된다. 이렇게 '우리'라는 단어를 남용하면서도 그것을 인식조차 하지 못한다.

한국어를 영어나 프랑스어로 번역해본 사람은 '우리나라'나 '우리말' 같은 표현을 번역하기가 참 난감하다는 사실을 다 알 것이다. '우리나라'를 글자 그대로 번역하면 our country, notre pays지만, 영어나 프랑스어의 관행을 따르면 my country, mon pays라고 번역해야 한다. '우리말'도 글자 그대로 번역하면 our language, notre langue지만 영어나 프랑스어의 관행에 따르면 my language, ma langue라고 번역해야 한다. 그런데 실제 생활에서는 my language, ma langue라는 말은 거의 쓰지도 않으며, 필요하다면 English, Français라는 보다 객관적인 단어를 사용한다. '우리 아빠' '우리 엄마'를 그대로 번역하는 것은 더욱 어색하다. 일처다부제나 일부다처제에서나 쓸 법한 표현이기 때문이다.

한국인이 '우리'라는 단어를 남용하는 이유를 이해하려면 이 단어의 어원을 알아볼 필요가 있다. 국어학자 유창돈은 '겨레'와 '우리'를 연결해 '겨레-겨리-결-골-올-울-우리'라는 변화 과정이 있었다고 말한다. 그러고 나서 '우리'는 "울藩을 말하는 것이요, 동족을 말하는 것이며 자신이 속하고 있는 범위를 한정하는 말이매 결국은 겨레와 상관됨을 벗어나지 못하는 말"이라고 설명한다.* 여기서 다음과 같은 두 가지 흥미로운 사실을 확인할 수 있다. 하나는 '우리'라는 말의 어원이 '울타리'라는 사실이다. 다른 하나는 '우리'가 겨레나 민족을 나타내던 말이라는 점이다. 이것은 바로 앞에서 언급한 '겨레-겨리-결-골-

---

* 유창돈, 〈족친칭호의 어원적 고찰〉, 《사상계》 10호, 1954.

올-울-우리'라는 단어의 변화 과정에서 확인할 수 있다. 이 두 사실을 연결하면 '우리'는 겨레나 민족을 둘러싸는 '언어적 울타리'라 할 수 있다.

그런데 '우리'라는 말로 자기 민족을 둘러싸면 울타리 밖의 사람은 '그들'이 될 수밖에 없다. 박노자는 '우리'라는 초대형 담론을 분석한 후, 열렬한 민족주의자들에게는 모든 것이 싸움판으로 보인다고 말했다.

'우리[我]'와 '저들[彼]'의 끝없는 싸움판으로 보인다. 꼭 싸움판은 아니더라도 일단 모든 것이 '우리 것'과 '남의 것'으로 너무 쉽고 극명하게 구분된다. '우리 것'이 본래 좋고 우월하다는 것은 말할 필요도 없는 당연지사고, '우리 것' 속에서 사는 '나'는 개인적으로 잘난 일이 별로 없어도 '우리'에 속한다는 이유만으로도 우월한 인간으로서 존엄성을 부여받는다.

– 박노자, 《당신들의 대한민국》(한겨레출판사, 2001)

이는 세계가치관조사World Values Survey*에서도 잘 드러난다.

---

* 세계가치관조사는 전 세계 인구의 90퍼센트를 차지하는 거의 100개국에서 사

이 조사에서는 조사 대상에게, "목록에는 다양한 집단의 사람들이 있습니다. 이 중에서 이웃집으로 이사 오지 않았으면 하는 집단이 있다면 표시해주세요"라고 요청했다. 그 결과, 영국, 호주, 캐나다, 뉴질랜드, 미국은 상당히 관용적인 나라였고, 유럽은 나라마다 차이가 컸으며, 아시아 국가들은 비관용적인 것으로 나왔다.

놀라운 것은 한국의 결과다. 한국은 59개국 중에서 9번째로 비관용적인 나라로 나타났다. 한국보다 비관용적인 나라는 아제르바이잔(1위), 리비아(2위), 팔레스타인(3위), 인도(4위), 태국(5위), 레바논(6위), 튀르키예(7위), 에콰도르(8위)뿐이다. 참고로 이웃 나라 일본의 관용 수준은 중간보다 약간 낮았으며, 중국의 관용 수준은 중간보다 약간 높았다. 여기서 주목할 것은 한국보다 순위가 높은 나라 중에 선진국이 하나도 없다는 점이다. 다시 말해 한국인은 선진국 중에서 외국인주민에 대해 가장 비관용적인 나라다. 우리는 어떻게 이렇게 강한 민족중심주의를 갖게 된 것일까?

회의 변화하는 가치들과, 그 변화들이 사회적, 정치적 생활에 끼치는 영향을 살펴본다. 1981년에 시작된 이 조사는 인간의 신념과 가치에 대한 가장 큰 규모의 비영리적, 국가 비교적, 정기적 조사다. 여기서는 'World Value Survey Wave 7(2017-2022) 자료를 참고했다.

민족중심주의,
다른 문화를 주변부로 전락시키다

•

민족중심주의ethnocentrism는 ethno-(민족)와 centrism(중심주의)을 합쳐 만든 말이다. 이 용어가 '자기 민족이 문명의 중심이라는 생각'이라는 의미로 쓰인 것은 1900년대 초반부터이며 20세기 후반에 이르러 널리 확산되었다.[*] 인간은 자기 문화 속에서 성장하므로 그 문화를 가장 편안하고 보편적이라고 여기는 경향이 있다. 따라서 민족중심주의는 폐쇄적이고 극단적이지 않은 이상 자연스러운 현상이다.

미국 의사소통학자 래리 사모바Larry Samovar 등은 이 민족중심주의를 긍정적positive, 부정적negative, 극히 부정적extremely negative 민족중심주의로 나누어 설명한다. 먼저 긍정적 민족중심주의는 자신의 문화를 다른 문화보다 선호하는 것이다.[**] 이런 민족중심주의는 그 구성원들에게 정체성과 소속감을 갖게 할 수 있다. 대다수 민족에게 전해지는 창조신화나 민간신화가 이런 기능을 한다. 하느님의 아들 환웅이 무리 3,000명을 이끌

---

[*] ethnocentrism, Online Etymology Dictionary.

[**] Larry A. Samovar, et al., Communication Between Cultures, 8th ed., Wadsworth Publishing, 2013.

고 태백산으로 내려와, 곰에서 인간으로 변한 웅녀와 혼인해서 단군왕검을 낳았고 이 단군왕검이 한민족의 시조가 되었다는 단군신화도 마찬가지다.

다음으로 부정적 민족중심주의는 자기 문화가 모든 것의 중심이고 이를 기준으로 다른 문화를 평가하려는 것이다. 이 민족중심주의는 자기 집단의 신념과 가치관이 전적으로 옳다고 믿을 때 시작된다. 예를 들어 중국 한족은 중국 문명이 세계 중심이며 그 어느 문명보다도 우수하다고 여겼다. 나라 이름도 '중국中國', 곧 세계의 '한가운데 나라'로 지었다. 이런 생각을 한 것은 중국만이 아니다. 각국의 지도만 봐도 알 수 있다. 한국 지도는 한국을 가운데 놓고 프랑스 지도는 프랑스를 가운데 놓는다. 호주나 남아프리카공화국 지도를 보면 우리가 늘상 보는 지도와는 달리 남반구와 북반구가 뒤집어져 있다.

문제는 자기 나라나 민족을 이렇게 지도의 중심에 놓고 나머지 나라나 민족은 주변인 취급하는 데 있다. 과거 중국은 주변 민족을 '오랑캐'라고 불렀다. 동쪽 사람은 '동이東夷', 서쪽 사람은 '서융西戎', 남쪽 사람은 '남만南蠻', 북쪽 사람은 '북적北狄'이라 했다. 여기서 '이' '융' '만' '적'은 모두 오랑캐를 뜻한다. 한국인이 자주 사용하는 '양놈' '되놈' '왜놈'도 마찬가지다. 서쪽이나 동쪽 바다에서 온 서양인들은 '양놈'이고 북쪽 중국인들은

'되놈'이며 남쪽 일본인들은 '왜놈'이다. 이처럼 자신들을 제외한 모든 사람을 '오랑캐' '놈'이라고 부르며 배척하면 안으로는 사회를 통합하는 데 도움이 되지만 밖으로는 갈등을 일으키고 국제적으로 고립되는 결과를 낳을 수 있다.

마지막으로 극히 부정적 민족중심주의는 자기 민족과 문화가 모든 것의 중심이라는 생각을 넘어서, 다른 민족도 자신의 문화를 수용해야 한다고 보는 것이다. 실제로 20세기 전반에 팽배했던 극단적 민족중심주의는 다른 민족을 학살하고 문화적으로 탄압했다. 예를 들어 1930년대 일본은 내선일체라는 논리를 내세워 조선인들에게 신사참배와 창씨개명을 강요했다. 만약 자기 민족에 동화될 수 없어 보이면 아예 다른 민족을 말살하려고도 했다. 제2차 세계대전 중 독일 독재자 아돌프 히틀러Adolf Hitler가 자행한 유대인 집단학살이 그 대표적인 예다. 이 학살을 영어로 '홀로코스트Holocaust'라고 한다. 여기서 holo는 '전체', caust는 '타다'를 의미하는 영어 단어로, 이 둘을 합하면 '완전히 불태우는 것'이라는 뜻이다. 실제로 히틀러는 유대인, 슬라브족 등 1,100만 명의 민간인과 전쟁포로를 무참히 학살했다. 이 중에서 유대인 희생자는 약 600만 명으로, 이는 당시 유럽에 거주하던 유대인의 3분의 2에 해당한다.

상상의 공동체 vs 공동체의 상상

•

유감스럽게도 한국의 교육은 부정적 민족중심주의, 심하게는 극히 부정적 민족중심주의를 갖게 만들었다. 국가와 민족을 강조하는 한국 교육은 1960년대 말 선포된 국민교육헌장에서 비롯했다.

1968년부터 1994년까지 사용한 국민교육헌장은 글자 그대로 '자연인'을 '국민'으로 만들었다. 이 시기에 초등학교를 다닌 사람들은 "우리는 민족 중흥의 역사적 사명을 띠고 이 땅에 태어났다"로 시작해서 "민족의 슬기를 모아 줄기찬 노력으로 새 역사를 창조하자"로 끝나는 이 헌장을 무조건 암기해야 했다. 만약 제대로 외우지 못하면 방과 후에 남아야 했고, 그래도 외우지 못하면 벌 청소를 하거나 죄 없는 부모를 모시고 와야 했다. 이런 교육을 받으며 자란 우리는 수십 년이 지난 지금도 우리가 "민족 중흥의 역사적 사명을 띠고 이 땅에 태어"난 것처럼 살고 있다. 이 헌장에 나오는 "나라의 융성이 나의 발전의 근본임을 깨달아"라는 구절은 '국가가 발전해야 내가 발전할 수 있다'는 국가주의와 정확히 일치한다.

이 국가주의는 사람들을 산업현장에 동원하는 데는 성공했지만, 사람들이 '시민'으로 성장하는 것은 가로막았다. 국민과 시민은 엄연히 다르다. 국민은 국가state와 짝을 이루고 국적nationality을 기준으로 한다. 국가는 국민에게 충성을 요구할 수 있고 이를 거부하는 국민을 처벌할 수 있다. 반면에 정부government와 짝을 이루는 시민citizen은 정부를 지지할 수도 있고 정부에 반대할 수도 있다. 이들에게는 시민권civil rights이 있는데, 영국의 명예혁명, 프랑스의 대혁명, 미국의 독립혁명은 정부에 반대해 시민들이 시민권을 적극적으로 행사한 대표적인 예다. 17세기 영국의 명예혁명은 시민이 제임스 2세의 독단에 맞서 일어났고, 18세기 프랑스의 대혁명은 시민이 루이 16세의 폭정에 봉기한 것이다. 18세기 미국 독립혁명은 영국이 미국에 부당한 세금을 강요하자 시민이 들고일어난 것이다.

한국의 경우, 1894년에 동학도와 농민이 조정 관리의 탐학과 부패에 맞서 일으킨 동학운동을 비슷한 예로 들 수 있으나, 이는 정권까지 바꾸지 못한 채 외세에 진압됐다. 이후 일제강점기, 6·25전쟁, 독재정권 등을 겪으면서 한국인은 시민으로 성장할 기회를 얻지 못했다. 1980년대에 일어난 민주화운동은 군사정권을 문민정부로 바꾸는 데는 성공했으나 국민을 시민으로 성장시키지는 못했다. 2016~2017년에 일어난 박근혜정부 퇴진운동은 국민에서 시민으로 격상하는 좋은 기회였으나 이래저래 흐지부지되어 "우리는 아직 국민의 시대를 살고 있다".*

이는 우리가 '국민'이라는 단어를 얼마나 자주 쓰는지만 봐도 쉽게 알 수 있다. 우리는 어느 가수가 노래를 잘하면 '국민가수'라 부르며 어느 배우가 연기를 잘하면 '국민배우'라고 부르고, 어느 젊은 여자 연예인이 귀여우면 '국민 여동생'이라고 부른다. 어느 누가 그렇게 불러도 아무도 이상하게 생각하지 않는다. 모두가 국민이기 때문이다.

이런 현상은 선진국에서는 찾아보기 힘들다. 20세기 중반 전 세계에 명성을 떨친 엘비스 프레슬리Elvis Presley는 인터넷에 American popular singer(미국 유행가 가수)로 소개돼 있다. 프랑스 가수 중 가장 널리 알려진 에디트 피아프Édith Piaf도 une chanteuse française(프랑스 여가수)로 나온다. 간혹 as France's national singer(프랑스의 국민 여가수로서)라는 표현도 눈에 띄지만 이는 어디까지나 예외일 뿐이다. 한국에서는 이미자, 나훈아, 남진, 조용필, 이선희, 장윤정 그리고 최근에는 임영웅에 이르기까지 수많은 가수가 국민가수로 불리고 있다. 모두가 여전히 국민이기 때문이다.

1960년대 말에 시작된 '국기에 대한 맹세'는 한민족의 국

---

* 송호근, 《나는 시민인가》, 문학동네, 2015.

가주의를 한층 강화했다. 이 맹세는 충청남도교육청에서 시작됐다. 1968년에 충청남도 교육감은 아산 현충사 옆 충무연수원에 입소할 학생들이 사용할 맹세문을 만들라고 지시했다.* 이 지시를 받은 당시 장학계장 유종선은 미국의 일부 주가 사용하고 있던 맹세문을 참고해 만들었다. 그것은 "나는 미합중국 국기와 그것이 상징하는 국가에 대한 충성을 맹세합니다. 우리는 하나님 아래 하나의 나라이며 나누어질 수 없습니다. 우리나라는 모든 사람을 위한 자유와 정의의 나라입니다"라는 '충성의 맹세The Pledge of Allegiance'로 추정된다. 이를 토대로 만들어진 것이 바로 "나는 자랑스런 태극기 앞에 조국의 통일과 번영을 위하여 정의와 진실로서 충성을 다할 것을 다짐합니다"라는 초기의 맹세문이다. 분단된 나라가 통일과 번영을 기원하는 것은 당연하다. 다만 '정의와 진실로서 충성을 다할 것을 다짐'하는 것은 국가가 잘못된 방향으로 나아갈 때는 충성할 필요가 없다는 의미를 담고 있다. 만든 사람의 의도 역시 이와 같았다.

이 맹세문은 같은 해 충청남도 모든 학교에서 낭송되기 시작했다. 그리고 문교부(교육인적자원부 전신)는 1974년부터 다음과 같이 수정해서 전국 학교에서 낭송하도록 지시했다.

---

* 남종영, 〈"지금 맹세문은 전체주의적이다"〉, 《한겨레21》, 2006. 01. 02.

나는 자랑스런 태극기 앞에 조국과 민족의 무궁한 영광을 위하여 몸과 마음을 바쳐 충성을 다할 것을 굳게 다짐합니다.

'통일' 대신 '민족'이, '정의와 진실로서' 대신 '몸과 마음을 바쳐'로 수정된 맹세문이었다. 이전보다 훨씬 국수주의적이고 전체주의적 성격을 띤다. '몸과 마음을 바쳐'라는 문구는 마치 조선총독부가 1937년부터 모든 학생에게 암송시킨 황국신민서사를 연상시킨다. 이렇게 1974년에 바뀐 국기에 대한 맹세문은 2006년까지 암송되었고, 이 기간에 학교를 다닌 사람들의 의식에 큰 영향을 미쳤다. 다행히도 이 맹세문은 2007년에 "나는 자랑스러운 태극기 앞에 자유롭고 정의로운 대한민국의 무궁한 영광을 위하여 충성을 다할 것을 굳게 다짐합니다"로 순화됐다.

'국기에 대한 맹세' 이야기를 하다 보니 〈국제시장〉이라는 영화가 떠오른다. 2014년에 개봉한 이 영화의 주인공인 덕수와 그의 친구 달구는 파독 광부로 선발되기 위해 면접을 본다. 그런데 면접관은 덕수가 광산에서 일한 경험이 없다는 이유로, 달구는 체력이 약하다는 이유로 난색을 보인다. 그러자 덕수는 느닷없이 일어나 애국가를 부르고 달구도 따라 일어나 합창한다. 그리고 두 사람은 벽에 걸린 태극기에 경례하고 다른 후보자들도 이에 뒤질세라 똑같이 따라 한다. 그러자 잠시 머뭇거리던 면접관들도 모두 일어나 똑같이 노래한다. 마치 그렇게 하지 않으면 무슨 큰 죄라도 짓는 것처럼 말이다. 노래를 마친 두 사람은 만세 삼창을 하고 결국 둘 다 합격한다. 그들의 원서에는 '합격'이라는 도장이 찍히고 '애국심 투철'이라는 빨간색 글씨가 적혔다. 코미디 영화의 한 장면 같은 이러한 모습은 1960년대 한국인의 집단의식이 어느 정도였는지를 잘 보여준다.

단일민족이란 허상에 불과하다

●

국민교육헌장과 국기에 대한 맹세를 외우던 1970년대의 교과서에는 '한국인이 단일민족'이라고 쓰였다. 하지만 교과서에서 이렇게 가르친 것은 훨씬 이전부터다. 제1차 교육과정기 (1954~1963)에 나온 《중등국사》(중학교 1~2학년용)에서는 "한 핏줄기에서 나온 단일민족이라는 자랑을 가진 우리 조상들은, 민족의 시조로서 단군을 받들고 다 같이 단군의 아들딸이며, 나라의 국민으로서 단결하려는 민족정신을 갖고 있었다"라고 서술했다.

하지만 정작 단군신화를 연구하는 학자들은 고조선을, 환웅으로 상징되는 이주집단이 웅녀로 대변되는 토착집단을 정복하고 동화시키는 과정에서 성립된 국가로 본다. 한양대학교 교육학과 차윤경 교수는 이 점에 주목해서 "단군신화야말로 우리 민족이 다문화로 형성됐음을 말해준다. …… 단군신화는 다문화의 상징이다. 널리 인간을 이롭게 한다는 고조선 건국이념 '홍익인간'도 오늘날 지구촌 시대에 딱 맞아떨어지는 가치관"이라고 역설한다.[*]

교과서에서 단일민족을 강조하는 기술은 2000년대 중반까지 이어졌다. 2006년 교육인적자원부의 조사에 따르면, 초등학교 2학년부터 고등학교 1학년까지 사용하는 교과서들에서 한국인이 단일민족이라고 가르치고 있었다. 초등학교 2학년《생활의 길잡이》과목에서는 "우리나라는 한 핏줄을 이어받은 한 민족"이라고, 중학교 2학년《도덕》과목에서는 "우리가 같은 핏줄을 이어받은 한민족"이라고, 고등학교 1학년《도덕》과목에서는 "본래 우리 민족은 동일한 언어와 문화, 혈통을 지닌 단일민족"이라고 가르쳤다.

교과서가 이런 서술을 고친 것은 2007년이다. 2007년 유엔

---

[*] 박진용, 〈다문화 유공 대통령표창 차윤경 교수 "단군신화는 다문화 상징"〉, 《서울경제》, 2017. 09. 21.

인종차별철폐위원회의 지적 때문이었다. 이 위원회는 한국사회가 다민족적 성격을 인정하고, '단일민족 국가'라는 이미지를 극복해야 한다고 지적했다. 이런 부끄러운 지적을 받은 교육부는 교과서에서 '단일'이라는 단어를 지웠지만 교과서의 어조는 바뀌지 않았다. "2009년 개정과정 한국사 교과서에서 표면적으로는 단일민족 의식에서 상당히 탈피했지만, 각론 곳곳에는 옛 교육과정 시기에 서술되었던 내용들이 남아 있는 것이 현실이다."* 요컨대 1970년대 이후 암송한 국민교육헌장, 날마다 낭송해야 했던 국기에 대한 맹세, 단일민족이라고 가르친 교과서 때문에 한국인은 '지구촌 시대'에도 여전히 '민속촌'에서 살고 있다.

'결자해지結者解之'라는 사자성어가 있다. 자기가 저지른 일은 자기가 해결해야 한다는 뜻이다. 역사적으로 단일민족과 민족중심주의를 강조한 교육에서 내국인의 외국인 무시·차별·배제, 사회적 갈등, 사회적 비용 순으로 '결합'되었으니, 이 비용을 줄이기 위해서는 단일민족과 민족중심주의를 강조한 교육부터 바꿔야 한다. 만약 기성세대의 잘못된 인식을 '묶은' 것이 교육이라면 이 인식을 '푸는' 것도 교육이어야 한다.

---

* 백성현, 〈중등학교 한국사 교과서에 서술된 단일민족 의식과 서술 방식의 변화에 대한 연구: 고대사를 중심으로〉, 안동대학교 교육학 석사학위 논문, 2016.

지금,
여기 있어야 할
나는
누구인가?

편견을 뜻하는 영어 prejudice는 '전에'라는 라틴어 접두사 prae-와 '판단'이라는 명사 iudex를 합쳐 만든 말이다. 라틴어와 프랑스어를 거쳐 1300년경에 영어로 들어와 처음에는 '악의' '모욕' 등의 부정적 의미로 쓰이다가 14세기 후반에는 '미리 가진, 하지만 반드시 부정적이지는 않은 생각'이라는 의미로 쓰였다.* 어원에 따르면 편견은 '정확한 판단 이전의 생각'으로 해석할 수 있다.

편견은 좁게는 "어떤 집단이나 집단 구성원에 대한 비합리

---

*   prejudice, Online Etymology Dictionary.

적이고 부정적인 평가",* 넓게는 "잘 알지도 못하는 다른 사람, 다른 민족에 대해서 내리는 판단"**을 가리킨다. 이 판단은 '잘 알지도 못하는' 상태에서 하는 것이기 때문에, 인간 특유의 자기중심주의나 민족중심주의의 영향을 받아 왜곡되고 부정적으로 변하는 경우가 많다.

게다가 편견은 오랜 사회화를 통해 형성된 것이기 때문에 일단 형성되면 쉽게 바뀌지 않는다. 바로 이런 이유로 미국 물리학자 알베르트 아인슈타인Albert Einstein은 "편견은 원자보다 부수기가 어렵다"라고 말했다.

미국 심리학자 고든 윌러드 올포트Gordon Willard Allport는 다음과 같은 대화를 통해 편견을 설명한다.

X: 유대인의 문제는 그들이 자기 집단만을 챙기는 데 있어요.
Y: 하지만 공동 모금 운동 기록을 보면, 그들은 사람 수를 기준으로 유대인이 아닌 사람들보다 더 많이 기부하고 있어요.
X: 그들이 늘 환심을 사서 기독교 활동을 방해하려고 한다는

---

* 현성용 외, 《현대심리학 입문》, 학지사, 2008.
** Council of Europe, Education Pack, European Youth Centre, 1995.

5장

증거지요. 그들은 돈만 생각해요. 유대인 금융업자가 매우 많은 것은 바로 이 때문이에요.

Y: 하지만 최근 연구에 따르면, 유대인 중 금융업에 종사하는 사람의 비율은 유대인이 아닌 사람들보다 훨씬 낮아요.

X: 그것 보세요. 그들은 존중받는 사업은 하지 않아요. 그들은 영화사업에 뛰어들고 나이트클럽을 운영해요.[*]

X는 유대인에 대한 강한 편견을 갖고 있다. 그래서 유대인이 '자기 집단만 챙긴다' '돈만 생각한다' '존중받는 사업은 하지 않는다'고 말한다. Y는 '공동 모금 운동 기록' '최근 연구' 등 객관적 자료를 제시하면서 X의 편견을 고쳐 보려 하지만 번번이 실패한다. X는 속으로 '객관적 자료를 들이대면 내 생각이 바뀔 것 같아? 어림도 없어'라고 말하며 자료를 불신하고 편견을 더욱 강하게 내보인다.

다행스럽게도 X처럼 자신의 편견을 노골적으로 드러내는 사람은 줄어들고 있는 것 같다. 어떤 사람은 편견을 갖지 말아

---

[*]   Gordon Allport, The nature of prejudice, Mazal Holocaust Collection, Addison-Wesley Publishing Company Cambridge, Mass, 1954.

야 한다는 생각에 스스로 자제하고 또 어떤 사람은 인종주의자로 몰리지 않기 위해서 자신의 생각을 숨기기도 한다. 하지만 편견은 언제든 생길 수 있고 일단 생기면 마치 코로나바이러스처럼 사회 전역에 아주 쉽게 퍼져 나간다. 특히 요즘처럼 갈등이 첨예하게 일어나고 경제적으로 어려운 사회 분위기에서는 더욱 그렇다. 이때 외국인들은 편견이라는 '사회적 전염병'의 희생자가 되기 십상이다.

사회적 전염병을 치료하라

•

어떤 사람은 이렇게 물을 수 있다. "친밀감과 자율성은 공존할 수 있을까?" 다시 말해 나와 타인이 서로의 다른 특성을 유지하면서도 친해질 수 있을까? 그 다른 특성이 너무나도 낯설어서 온전히 받아들일 수 없는 특성이라고 해도 말이다. 다음의 대화를 살펴보자.

Z: 유대인은 자기 집단만을 챙기는 게 문제에요.

Y: 하지만 공동 모금 운동 기록을 보면, 그들은 사람 수를 기준으로 유대인이 아닌 사람들보다 훨씬 더 많이 기부하고

있어요.

Z: 그것은 인정해요, 빌 게이츠나 마크 저커버그 등은 엄청난 재산을 사회에 기부했죠. 그것은 분명 존경받을 일이에요.

Y: 맞아요, 그들이 기부하는 돈이 유대인만을 위해서 쓰이는 건 아니에요. 유대인이 아닌 사람들도 도움을 받을 수 있죠.

Z: 하지만 그들이 자기 집단을 우선한다는 것은 지금 같은 시 대에 문제가 있어 보여요.

주관은 개인의 견해나 관점이다. 모든 개인에게는 각자의 관점이 있는데, 여러 사람이 각자 지니는 관점 사이에는 서로 가 공통으로 받아들일 수 있는 부분이 있다. 이를 상호주관성 intersubjectivity이라고 한다.

상호문화학자 앤드루 에드가Andrew Edgar와 피터 세지윅Peter Sedgwick의 설명을 들어보자. 만약 네모나고 똑같이 검은색인 초 콜릿을 먹고 어떤 사람은 쓴맛을, 또 어떤 사람은 단맛을 느꼈다 면 그 특성은 '주관적'이다. 반면에 초콜릿의 모양이나 색깔처 럼 보통의 감각을 가진 사람이면 누구나 똑같이 느끼는 특성은 '객관적'이다. 상호주관성 개념은 이 둘 사이에 있다. 만약 사람 들이 어떤 특성의 존재에 동의하고, 이 특성이 마치 객관적으로 존재하는 것처럼 여긴다면 그것은 '상호주관적'이다. 앞의 대화에서도 '유대인이 사회에 많은 돈을 기부한다'는 특성은 두 사람이 공통적으로 동의하는 상호주관성이다.

인터넷의 발달로 이전에 경험해보지 못한 것들을 접하게 되면서 기존의 사고방식으로는 받아들일 수 없는 낯선 것들을 만나는 일이 빈번해졌다. 이런 흐름 속에서 낯선 것들을 온전히 수용하고 그에 맞춰 나를 일일이 바꾸는 것은 불가능에 가까운 일이며 자기파괴적인 행동이다. 새로운 것들에 적응하고 그것을 받아들이기 위해 기존의 나를 전부 바꿀 수는 없지 않은가?

1970년대 유럽 선진국들의 상호주관성을 기반으로 하는 상호문화교육 역시 이러한 맥락에서 시작됐다. 유럽 선진국들은 1950년대 전후로 전쟁 복구와 경제개발을 위해 이민자를 대거 받아들였다. 남부와 동부 유럽 사람들을 시작으로 북아프리카, 아시아 등 다양한 지역의 민족들이 유럽의 중심으로 들어왔다. 그런데 1973년에 제1차 석유파동이 일어나 유럽 경제가 극도로 나빠지면서 외국인노동자가 대거 실직하는 사태가 일어났다. 그러자 유럽 선진국들은 외국인노동자들에게 귀국장려금을 지급하겠다고 제안하면서 귀국을 종용했다. 하지만 이민자들은 여러 가지 문제로 귀국을 망설였다. 그중 하나가 바로 자녀교육 문제였다. 이민자의 자녀들이 귀국하면 그곳의 언어와 문화를 또다시 배워야 한다는 점이 큰 부담이었다. 결국 유럽 선진국들은 이주배경학생의 언어적, 문화적 정체성을 강화한다는 교육적 차원과 외국인노동자의 귀국을 준비시킨다는 정치적, 경제적 차원에서, 1970년대 중반부터 이민자 자녀를 대상으로 출신국의 언어와 문화 교육을 실시했다.

이 교육은 출신국 교사들이 체류국 학교에 파견되어 자국에서 사용하는 교과서로 이민자 자녀를 가르치는 식이었다. 그리고 1970년 후반부터 유럽 선진국들은 이 교육을 모든 학생에게 개방했다. 이주배경학생에게는 언어적, 문화적 정체성을 강화하기 위해, 일반 학생에게는 다양한 언어와 문화에 개방적인 태도를 기르기 위해서였다. 바로 이런 과정에서 상호문화교육이 나타났다. 그리고 상호문화교육은 1980년대 이론화 과정을 거쳐 일반 교육철학으로 발전했다. 1990년대 중반 유럽평의회와 유럽연합은 이 교육을 '다문화사회의 교육적 대안'으로 권장했다. 2006년에는 유네스코도《유네스코 상호문화교육 지침 UNESCO guidelines on intercultural education》을 발간해서 이 교육을 적극 권장했다. 다시 말해 유럽 선진국들은 이주자들의 문화를 존중하면서 이들을 주류사회에 통합시키고 공동의 문화를 만들어내기 위해 상호문화주의를 채택하고 상호문화교육을 실시한 것이다.

정신건강의학과 전문의 배문오는 상호주관성을 "두 사람 사이나 어떤 집단에서, 한 사람의 주관적 경험이 다른 한 사람의 주관적 경험에 영향을 끼치고 그 반대도 성립하는 대인관계 과정"이라고 정의한다.[*]

예를 들어 어린 자녀가 옆집 아이를 막대기로 때리려고 할 때 부모는 어떻게 대응해야 할까? 대부분의 부모는 두 가지 중 한 가지로 대응할 것이다. 첫 번째 대응은 자녀가 옆집 아이를 때리지 못하게 한 다음, 왜 때리려고 했는지 자녀의 동기나 생각에 관심을 갖고 공감하는 것이다. 이렇게 하면 자녀는 부모가 자신의 마음을 이해한다고 생각하고 부모의 경험이 자신에게 끼치는 영향을 기꺼이 받아들인다. 두 번째 대응은 옆집 아이를 때리지 못하게 하고 그렇게 하면 나쁜 사람이라고 혼내는 것이다. 즉 부모가 자녀의 행동뿐 아니라 마음까지 통제하고 이것을 억지로 변화시키려는 것이다. 이렇게 되면 자녀는 자신을 불완전한 존재로 여기고 이로 인해 수치, 분노, 두려움 등을 느끼게 된다. 이렇게 부정적 감정을 갖게 된 자녀는 자기방어적으로 변하고 더 이상 자신의 마음을 드러내지 않으려고 한다. 그러면 부모는 더 이

---

[*] 배문오, 〈친밀감과 자율성은 공존할 수 있을까 – 상호주관성에 대하여〉, 《정신의학신문》, 2018. 05. 06.

5장

상 자신의 경험으로 자녀에게 긍정적 영향을 줄 수가 없다.

이 두 가지 대응 중 첫 번째가 상호주관성을 활용한 것이다. 첫 번째 대응처럼 우리의 주관적 경험을 상호문화적으로 공유하면, 한 사람의 주관적 경험을 다른 사람이 이해하고 소중하게 받아들이면서도 자기 경험의 고유성과 통합성을 유지할 수 있다. 결국 상호주관성은 친밀감과 자율성을 공존하게 만들 수 있다.

타인을 존중하기 위한 '나'의 조건

한 사람의 주관적 경험이 다른 한 사람의 주관적 경험에 영향을 끼치려면, 곧 상호주관성이 나타나려면 결국은 공감이 필요하다. 독일 철학자 루돌프 로체Rudolf Lotze는 1858년에 그리스어 empatheia를 독일어 Einfühlung으로 번역했다. 그리고 Einfühlung은 1908년에 영어 empathy로 번역됐다. 이 세 단어, empathy, Einfühlung, empatheia는 모두 '안에in'라는 의미의 접두사 em-, ein-과, '느낌'이라는 의미의 명사 pathy, fühlung, patheia를 붙여 만든 합성어다.* 어원에 따르면 타인

---

*   empathy, Online Etymology Dictionary.

의 '느낌 안으로' 들어간다는 뜻이다.

이 용어를 심리학에 처음 도입한 사람은 독일 심리학자 테오도어 립스Theodor Lipps다. 그는 예술작품이 미적 대상이 될 수는 있지만 그 대상으로부터 만족을 느끼는 것은 인간 자신임을 강조했다. 그리고 지각하는 사람이 자신을 지각의 대상으로 투사하는 경향성을 Einfühlung이라고 정의했다. 한편 독일의 철학자 에드문트 후설Edmund Husserl은 자신이 주장한 타자이론의 정당성을 뒷받침하기 위해 이 단어를 철학적으로 재해석했다. 그는 '타인의 내면을 나와의 유사성에 근거해 유비적으로 경험 또는 유추하는 방법'이라는 일반적인 정의에 동의하면서도, 공감이 직접적인 '경험'이라고 주장했다. 그리고 이 경험은 연상작용에 기초한다고 생각했다. 마치 피를 보면 순간적으로 고통을 연상하는 것처럼 말이다. 이처럼 공감 개념은 미학, 심리학, 철학, 사회학 등 다양한 분야의 학자들이 발전시켰고, 이는 지금도 마찬가지다.

공감과 자주 함께 쓰이는 개념이 바로 동정sympathy이다. 이 단어는 그리스어 sympatheia에서 유래한 것으로, '같이'를 뜻하는 접두사 sym-과 '느낌'을 뜻하는 명사 pathos를 합쳐 만든 것이다. 주로 '동료 감정' '감정의 일체감'이라는 의미로 쓰였다. 이 단어는 라틴어와 프랑스어를 거쳐 1570년경에 영어

sympathy가 되었다.*

공감과 동정의 어원을 비교해보면 적어도 세 가지 사실을 알 수 있다. 첫째, 두 단어는 모두 그리스어에서 유래했다. 둘째, 영어 sympathy가 empathy보다 먼저 생겼다. 전자는 16세기 후반에, 후자는 20세기 초반에 만들어졌다. 셋째, 두 단어는 접 두사에 차이가 있다. 앞서 살펴본 대로 sym-은 '같이'를, em-은 '안에'를 뜻한다. 동정이 누군가와 감정을 공유한다는 의미 에서 정서적 영역에 속한다면, 공감은 누군가의 감정을 추론한 다는 의미에서 인지적 영역에 속한다. 미학, 철학, 심리학, 사회 학 등 여러 분야의 학자들이 동정보다 공감에 더 큰 관심을 갖는 것은 바로 공감의 인지적 측면 때문으로 보인다.

미국의 사회학자 밀턴 베넷Milton Bennett은 공감을 "상상으 로 타인의 경험에 지적, 감정적으로 동참하기"로, 동정을 "상상 으로 자기 자신을 타인의 자리에 갖다 놓기"로 정의한다.** 동 정은 타인과의 경험의 유사성을 전제하고 타인 대신 자신이 그 경험의 자리를 차지해버린다. 이때 타인은 자리가 없어지므로 자율성을 잃어버린다. 반면에 타인의 경험에 동참하는 것, 즉

---

*   sympathy, Online Etymology Dictionary.
**   Milton Bennett, Basic Concepts of Intercultural Communication, Intercultural Press, 2013.

공감은 타인을 다른 사람으로 대체하는 것이 아니기 때문에 타인의 자율성을 그대로 유지할 수 있다. 타인의 머리와 마음속으로 들어가 마치 자신이 타인인 것처럼 그의 경험에 동참하고, 타인의 경험은 자신의 경험과 상당히 다를 수 있다는 것을 인식해야 가능한 일이다. 이런 과정을 흔히 '관점수용perspective taking'이라 한다.

베넷은 공감과 동정의 차이를 설명하기 위해 자신이 아내와 겪은 일을 소개한다. 본래 베넷은 몸이 아프면 혼자 조용히 있기를 원하는 사람이고, 그의 아내는 아프면 누군가로부터 정성껏 간호받고 싶어하는 사람이다. 결혼 초기에는 이런 사실을 몰랐기 때문에 그는 아내가 아프면 혼자 조용히 지낼 수 있게 배려했다. 반면에 아내는 그가 아프면 시도 때도 없이 어디가 아프냐, 뭘 먹고 싶냐고 물으면서 정성껏 간호했다. 몇 년 후 두 사람은 둘 중 어느 한 사람이 아프면 둘 사이가 꼭 냉랭해진다는 사실을 알게 되었다. 그 이유를 곰곰이 생각해보았더니, 두 사람 모두 상대방이 아플 때 자신이 원하는 방식대로 상대방을 대하기 때문이었다. 다시 말해 두 사람은 상대방이 아플 때 '아프다'는 경험의 유사성을 바탕으로 동정한 것이지, 공감한 것이 아니었다.

비슷한 오해는 한국인 시어머니와 갓 출산한 몽골인 며느리 사이에서도 벌어질 수 있다. 출산의 고통은 매우 크다. 그래서 어느 나라든 산모에게는 기력 회복에 가장 좋은 음식을 먹이려고 한다. 십중팔구 한국인 시어머니는 최고급 미역을 구해서 정성껏 국을 끓여 몽골인 며느리에게 먹이려고 할 것이다. 하지만 몽골인 며느리에게는 그런 음식이 그다지 달갑지 않다. 몽골은 바다가 없는 나라여서 해산물을 먹어볼 기회가 거의 없다. 한국은 삼면이 바다인데다 생일이면 꼭 챙겨 먹는 게 미역국이라 거부감이 없지만 몽골인에게는 그렇지 않은 것이다.

몽골에서는 좋은 양 한 마리를 잡아서 진하게 국을 끓여 산모에게 준다. 이 국에다 자연산 송이버섯을 넣기도 한다. 여기에 우유차를 곁들이면 산모에게는 최고의 보양식이다. 버섯을 넣은 양고깃국과 우유차는 영양이 풍부해서 모유가 잘 나오게 할 뿐 아니라, 출산으로 늘어진 배를 수축시키는 데도 효과가 있다고 한다. 그러니 한국인 시어머니가 자신의 출산 경험을 토대로 몽골인 며느리에게 미역국을 끓여준다면 그것은 동정이다. 몽골 풍습을 알아보고 몽골인 며느리에게 양고깃국과 우유차를 끓여주는 것이 진정한 공감이다.

변화하는 사회, 변화해야 할 나

•

우리 사회는 단문화사회에서 다문화사회로 옮겨가고 있다. 이 변화는 거스를 수 없는 흐름이고, 한국의 세계 최저 출산율, 초고령화율 등으로 인해 더욱 가속화될 것이다. "피할 수 없다면 차라리 즐겨라"라는 말처럼 다문화시대에는 일상생활의 문화 차이를 즐겨야 한다.

그러려면 적어도 두 가지 사실을 염두에 두어야 한다. 하나는 문화적 차이가 자연스럽고 정상적인 것이라는 사실이다. 문화는 인간이 주어진 환경에 적응하는 방식이다. 옷을 예로 들면, 북극에 사는 사람들은 춥기 때문에 옷을 겹겹이 입고 적도에 사는 사람들은 덥기 때문에 옷은 거의 입지 않는다. 이처럼 사람이 옷을 입거나 입지 않는 것은 그들의 환경에 따라 자연스럽고 정상적인 것이다. 또 사방이 바다인 일본에 사는 사람들은 생선회를 즐겨 먹지만 바다가 없는 내륙인 몽골에 사는 사람들은 생선회를 거의 먹지 않는다. 따라서 생선회를 먹거나 먹지 않는 것도 자연스럽고 정상적인 것이다.

다른 하나는 문화 차이가 풍요의 원천이라는 사실이다. 세계 4대 문명 발상지, 즉 이집트, 메소포타미아, 인더스강 유역, 황허강 유역은 강수량의 차이 때문에 수시로 범람해서 주변에 살던 사람들은 홍수에 대비해야 했다. 그 결과 다른 지역보다 먼저 문명을 발달시킬 수 있었다. 세계 4대 패션 도시로 불리는 밀라노, 파리, 런던, 뉴욕은 여러 민족이 공존하는 다민족 도시다. 이 도시들에는 다양한 의상이 공존하고 그 의상들의 차이가 새로운 의상을 구상하고 제작하는 데 원동력이 되고 있음을 누구나 인정한다.

문득 몇 년 전 충청북도의 한 여자고등학교 교장 선생님에게 들은 이야기가 생각난다. 이 선생님은 부임한 지 얼마 되지 않아 머리색이 유난히 노란 학생을 발견했다. 선생님은 '학생은 머리 염색을 해서는 안 된다'는 학칙을 떠올렸고 그 학생을 교장실로 불렀다. 학생은 교장실에 앉자마자 눈물을 글썽였다. 교장 선생님은 "내가 왜 널 부른 줄 알지?"라고 말했고 학생은 더 서럽게 울었다. 반성의 기미가 보인다고 생각한 선생님은 "학칙에 따르면 학생은 염색하면 안 돼"라고 좋게 타일렀다. 조금 진정한 학생은 "그런데 교장 선생님, 이건 염색한 머리가 아니에요"라고 대답했다. 교장 선생님은 놀라서 "뭐라고? 그게 염색한 게 아니라고?"라고 반문했다. 그러자 학생은 "저희 어머니가 러시아에서 온 분이라 제 머리가 이렇게 노란 것이에요. 저도 까맣게 염색하고 싶지만 염색하지 말라는 학칙 때문에 그렇게 못한 거예요"라고 설명했다. 순간 선생님은 '아차!' 했고 바로 그

학생에게 사과했다. 자신이 '머리색은 검은색'이라는 고정관념을 갖고 있었고 이 고정관념 때문에 노란 머리색을 비정상적인 것, 학칙을 위반한 것으로 일반화하는 오류를 범한 것이다.

사모바는 이런 오류를 피하려면 다음과 같은 다섯 가지 질문을 던져 보라고 권유한다.

1. 고정관념의 대상은 누구인가?
2. 고정관념은 어떤 내용인가?
3. 고정관념은 어디에서 기원했는가?
4. 나는 왜 내 고정관념이 맞다고 생각하는가?
5. 나는 고정관념의 대상이 된 사람들을 실제로 얼마나 만나 보았나?

21세기 다문화시대가 다가오는 지금, 이제는 언어와 문화가 다른 사람들도 서로를 잘 이해하고 '다 함께 잘 사는Live better together' 것을 목표로 해야 한다. 그러기 위해서는 사람들이 자신 주위의 문화를 잘 이해해서 편견을 줄이고 인종주의, 차별, 문화적 불평등을 비판하며 민족중심주의에서 벗어나 교류하는 것이 필요하다. 자신의 문화를 비판적으로 성찰해서 다른 문화에 접근하는 '거울과 창문Mirrors and Windows'의 방법이다. 이 방법을 한자로는 '지기지피知己知彼'라 할 수 있다. 이는 《손자병법孫子兵法》 3편에 나오는 '지피지기 백전불태知彼知己 百戰不殆'(남을 알고 나를 알면 백번 싸워도 위태롭지 않다)'를 변형한 것이다. '지피지기'에서 '피'와 '기'의 순서를 바꾼 '지기지피'는 상호문화교육의 방법과 정확히 일치한다.

우리는 이와 비슷한 표현을 로마의 철인황제 마르쿠스 아우렐리우스Marcus Aurelius의 글에서도 찾을 수 있다. 이 책에는 다음과 같은 말이 나온다.

> 다른 사람들의 정신 속에서 무슨 일이 일어나고 있는지를 잘 살피지 않았다고 해서 사람이 불행해지는 경우는 거의 없지만, 자신의 정신의 움직임들을 주의 깊게 잘 살피지 않는 사람은 반드시 불행해지게 된다.
> – 마르쿠스 아우렐리우스, 《명상록》(현대지성, 2022)

이 말에서 아우렐리우스가 강조하는 것은 '자기 마음의 움직임을 조심스럽게 지켜보라'는 것이다.

《명상록》의 원제목은 고대 그리스어 Tὰ εἰς ἑαυτόν이다. 이것을 라틴어로 번역하면 Ta eis he'auton이고, 영어로 번역하면 Things to one's self다. 한국어로는 '그 자신에게 말해주는 것들'이다. 고전문헌학자 배철현은 특히 he'auton에 주목할 필요가 있다고 말한다.* 그에 따르면, 아우렐리우스는 자기에게 편하고 익숙한 그리고 사욕을 가진 '나 자신myself'과 정신 수련을 통해서 '나 자신'을 이기고 도달해야 할 '그 자신himself'을 구분한 다음 후자를 위해서 글을 썼다. 즉 아우렐리우스는 '있는 자신'을 위해서가 아니라 '있어야 할 자신'을 위해 글을 쓴 것이다. 아우렐리우스가 그랬듯이 21세기의 우리 역시 새로운 시대에 '있어야 할 자신'이 어떠한 마음가짐을 가져야 할지 생각해 보았으면 한다.

---

* 배철현, 《수련: 삶의 군더더기를 버리는 시간》, 21세기북스, 2018.